Jahrgangsübergreifendes Lernen in der Grundschule

Mehr gestalten als verwalten – Teil 12

Beiträge zur Reform der Grundschule – Sonderband S 57
Herausgeber: Rudolf Schmitt, Renate Valtin im Auftrag
des Vorstandes des Arbeitskreises Grundschule
– Der Grundschulverband – e. V.

Karlheinz Burk (Hrsg.)

Jahrgangsübergreifendes Lernen in der Grundschule

Mehr gestalten als verwalten – Teil 12

Arbeitskreis Grundschule – Der Grundschulverband – e.V.
Frankfurt am Main

Satz und Gestaltung: novuprint, 30161 Hannover
Druck und Bindung: Druckhaus Beltz, 69502 Hemsbach

Bildnachweis: Die Bildrechte liegen, sofern nicht anders vermerkt, bei den Autoren der einzelnen Beiträge.

ISBN 3-930024-60-8

Karlheinz Burk
Vorwort 7

Teil I: Konzeptionelle Überlegungen

Karlheinz Burk
Lernen in jahrgangsübergreifenden Gruppen 10

Johannes Förch/Horst-Dieter Gerold/Erich Hammer/ Thomas Helmle/Petra Wöbcke-Helmle/Rolf Kehrer
Die altersgemischte Klasse – Aus der Sicht kleiner Grundschulen 24

Thilo Traub
Die Stammgruppe im Jenaplan Peter Petersens 30

Hans-Günther Roßbach
Der Forschungsstand zu jahrgangsübergreifendem und altersgemischtem Lernen 37

Teil II: Ansätze für jahrgangsübergreifendes Lernen

Angelika Gottschalk
Lernen in jahrgangsübergreifenden Projekten 48

Jürgen Eilers
Jahrgangsübergreifendes Arbeiten in der schuleigenen Lernwerkstatt 55

Thomas Leeb
Jahrgangsübergreifende Arbeit unter jahrgangsbezogenen Strukturen 61

Sigrid Rakow
Jahrgangsübergreifendes «richtiges Arbeiten» 65

Teil III: Auf dem Wege zur Realisierung: Organisations- und Kooperationsformen

Josef Aengenvoort
Aufsteigende Stammgruppen 70

Jutta Fremerey
Erfahrungen mit der Jahrgangsmischung an der Montessori-Schule, Bonn 77

Karin Rösgen
Die Einführung des jahrgangsübergreifenden Arbeitens 81

Elise Kentner
Vom Scheitern und Gelingen pädagogischer Innovationen 86

Ingrid Schweitzer
Beratende Unterrichtsbegleitung als Fortbildung für Lehrerinnen 89

Uta Gehrmann
Motor – Bremse – Katalysator 95

Teil IV: Beispiele für jahrgangsübergreifenden Unterricht

Ernst Purmann
Von kleinen und großen Bibern 102

Otto Herz
Am Rosenmaar – Portrait einer Ganztagsgrundschule 119

Rolf Struckmeyer
Altersgemischte Anfangsklassen 131

Autorinnen und Autoren 137

Vorwort

«Jahrgangsbezogene und/oder jahrgangsübergreifende Lerngruppen» lautet das Thema der Fachtagung, zu dem der Arbeitskreis Grundschule – Der Grundschulverband e. V. – Schulleiterinnen und Schulleiter eingeladen hatte. Es trafen sich im Februar 1995 Kolleginnen und Kollegen, die Lernen in jahrgangsgemischten Gruppen als selbstverständlichen Bestandteil ihres Schulprogramms ansehen, da sie sich an pädagogischen Schulkonzepten orientieren (Jena-Plan-Schulen und Montessori-Schulen), und es kamen Kolleginnen und Kollegen, die sich von jahrgangsübergreifendem Arbeiten Hilfen erhoffen, um den veränderten Anforderungen an die Grundschule heute – sei es im Hinblick auf eine «veränderte Kindheit», sei es im Hinblick auf demoskopische Entwicklungen (sinkende Schülerzahlen) – besser gerecht zu werden.

Im Mittelpunkt der Tagung standen Erfahrungen der Kolleginnen und Kollegen mit jahrgangsübergreifenden Gruppierungen bei unterschiedlichen Rahmenbedingungen und Ausgangslagen. Die Erfahrungsberichte werden – ergänzt durch Beiträge von Otto Herz, Hans-Günther Rossbach und Thilo Traub – in diesem Band veröffentlicht als «Falthilfe» für Zitronenfalter/innen.

«Das gesellschaftliche Leben ist darum interessant, weil es aus so vielen verschiedenen Typen zusammengesetzt ist. Ein Haus für alte Männer oder Frauen ist etwas Trauriges. Es ist etwas total Unnatürliches, und es ist falsch, Menschen eines Lebensalters zusammen zu bringen. Es ist auch falsch, dies mit Kindern zu tun, man zerreißt den Faden des sozialen Lebens.»

MARIA MONTESSORI: Grundgedanken ..., Freiburg 1967, S. 96 f

«Wir sind an die Schulklasse voller Gleichaltriger so gewöhnt, daß wir die Ungeheuerlichkeit, ja den pädagogischen Widersinn, der in der strengen Altershomogenität liegt, gar nicht mehr wahrnehmen – was es bedeutet, wenn man niemanden über sich hat und niemanden unter sich und die kleine Differenz auf einmal zur großen beherrschenden wird.»

HARTMUT VON HENTIG in: Aries: Geschichte der Kindheit, München 1977, S. 35

I.
Konzeptionelle Überlegungen

Karlheinz Burk

Lernen in jahrgangs-übergreifenden Gruppen

Es handelt sich in diesem Beitrag um die überarbeiteten und ergänzten Thesen zur Tagung. Der Statement-Charakter wurde beibehalten, um die Verwendung des Textes in einer pädagogischen Konferenz der Schule zu erleichtern.

Die Jahrgangsklasse

1. Die Jahrgangsklasse gehört zu den fundamentalen Organisationsmerkmalen unseres Schulsystems.

- Mit der Auflösung wenig gegliederter Schulen wird die Jahrgangsklasse auch in der Grundschule zur nur selten hinterfragten dominanten Organisationsform.
  Curricula und Schulbücher, Lehrerausbildung und schulische Arbeit, Unterrichtsplanung und Leistungsmessung, Lehrerversorgung und Schulausstattung richten sich nach Jahrgangsklassen.
  Ein Infragestellen des Prinzips der Jahrgangsklasse rüttelt somit an einem Grundpfeiler unseres Schulsystems. Mit raschen Änderungen kann daher nicht gerechnet werden.

- Klassen und Gruppen werden immer schon aus unterschiedlichen Gesichtspunkten und mit verschiedenen Intentionen gebildet.
  - Um bei einer bestimmten Schülerzahl einen geordneten Schulbetrieb zu sichern, werden Parallelklassen gebildet.
  - Um ein stufenweises Fortschreiten der Schulbildung zu ermöglichen, wird das Lehrpensum so zerlegt und vermittelt, daß jeder Abschnitt (Lektion) als Voraussetzung des nächsten erscheint. Das Weiterrücken wird erst ermöglicht, wenn der Schüler/die Schülerin das Lehrpensum beherrscht.
  - Um ein gleichschrittiges Lernen zu ermöglichen, werden die Kinder nach ihrem Entwicklungs- und Leistungsstand zu homogenen Klassen zusammengefaßt.
  - Um den unterschiedlichen Begabungen Rechnung zu tragen, werden Klassen (oder Schulzweige) mit bestimmten Schwerpunkten gebildet.

- Um die unterschiedlichen Bedürfnisse von Jungen und Mädchen besser berücksichtigen zu können, kommt es (zeitweise) zur Trennung nach Geschlechtern.
- Um die Schulaufnahme aller Kinder ab einem bestimmten Zeitpunkt sicherzustellen, werden Jahrgangsklassen gebildet.

2. Historisch gesehen ist die Bildung von Klassen nach Altersjahrgängen vor allem eine Folge der altersmäßig festgelegten allgemeinen Schulpflicht und einem lehrgangsorientierten Unterrichtskonzept.

- Schulen des Mittelalters kennen nur Individualunterricht. Comenius fordert dagegen Bildung für alle Kinder des Volkes und die Unterrichtung in der (Groß)Gruppe: «Der Lehrer muß es in allen Stücken halten wie ein Offizier, der seine Übungen nicht mit jedem Rekruten einzeln durchnimmt, ... damit der Lehrer dies kann, dürfen erstens die Schulen nur einmal im Jahr beginnen ...; zweitens muß alles, was getan werden soll, so geordnet sein, daß jedes Jahr, jeder Monat, jeder Tag und sogar jede Stunde ein eigenes Pensum hat, wodurch alle gleichzeitig durchs Ziel geführt werden, ohne zu straucheln» (Comenius: Didactica Magna, 1657).

  Die Idee ist revolutionär: Alle Menschen sollen zu den gleichen Zielen geführt werden, ohne zu straucheln; die Hoffnung ist illusionär: Alle Menschen können gemeinsam und gleichzeitig zum gleichen Ziel geführt werden.
- Bis in das 19. Jahrhundert ist das Alter der Schüler und die Dauer ihres Verbleibs auf einer bestimmten Lehrgangsstufe belanglos. Das Lehrpensum wird in Abschnitte zerlegt Schritt für Schritt einer unterstellten sachimanenten Schlüssigkeit folgend vermittelt. Ist ein Abschnitt durchlaufen, kommt der Schüler in die nächste Stufe, bis er den Abschluß (die Prima) erreicht hat.
- Werden die Abschnitte und Stufungen des Lehrstoffs als Jahrespensum formuliert und mit der Einschulung nach Altersjahrgängen verknüpft, ergibt sich das uns heute so selbstverständlich erscheinende Konzept der Jahrgangsklasse mit dem jährlichen Aufrücken/Versetzen bzw. der Nichtversetzung oder Einweisung in eine Sondereinrichtung, wenn das altersbezogene Pensum nicht bewältigt wurde.

  In allen Ländern mit Schulpflicht für alle Kinder setzte sich die Organisation nach Jahrgangsklassen durch. Dies basiert auf der pädagogischen Überzeugung, daß prinzipiell alle Kinder eines Jahrgangs gemeinsam gefördert werden können, wenn sich Aufbau und Abfolge des Unterrichts an dem Leistungsvermögen eines durchschnittlichen Schülers dieser Altersstufe orientieren.

3. Die nahezu ausschließliche Orientierung an der Jahrgangsklasse wird einer konzeptionell und strukturell sich ändernden Grundschule nicht mehr gerecht.

- Angesichts des «Sitzenbleiberelends» konstatiert schon Peter Petersen in den 20er Jahren, «den Bankrott des Jahres-Klassensystems» und fordert, Kindergruppen zu bilden, in denen soziales Leben in seiner Vielgestaltigkeit ermöglicht wird.

  Ingenkamp (1969, S. 273) beklagt, daß durch die Organisationsform der Jahrgangsklasse «die natürliche Variationsbreite der Leistungsfähigkeit innerhalb eines Jahrgangs» weitgehend übersehen wird.

- Die Hoffnung, altersgleiche Kinder gleichzeitig durch einen kleinschrittigen Unterricht zum gleichen Ziel zu bringen, ist gescheitert. Die Heterogenität schon der Jahrgangsklasse verlangt einen binnendifferenzierten Unterricht, offenere Unterrichtsformen mit veränderten Zeit-, Raum- und Handlungsstrukturen. Unterrichtsbücher, Prüfungslektionen, lehrerzentrierter Unterricht sowie die bekannten Modelle der Didaktik halten die Hoffnung des Comenius, zur gleichen Zeit *allen* alles lehren zu können, noch am Leben. Forderungen nach «Gleichbehandlung» der Schülerinnen und Schüler sowie «Vergleichbarkeit der Bildungsgänge und Bildungsabschlüsse» dienen noch immer dazu, schon das Infragestellen dieser Fiktion zu verhindern.

  Doch die Not der Lehrerinnen und Lehrer sowie die Diskrepanz von (vermeintlichem) Vermittlungsauftrag und den unterschiedlichen Lebenswelten der Kinder heute wird immer deutlicher sichtbar und findet sich in solchen Sätzen wie: «Bei diesen Leistungsunterschieden ist kein geordneter Unterricht mehr möglich!» – «Mit dieser Klasse schaffe ich das Pensum nie!» – «Die Kinder heute können sich nicht mehr auf die gestellten Aufgaben konzentrieren!» Der Anteil der Kinder, die sich ohne Probleme auf den traditionellen lehrerzentrierten Unterricht einstellen können, scheint immer kleiner zu werden. Mehr und mehr Kinder zeigen sich überfordert; Disziplinprobleme sind die Folge.

  Je mehr die Unterschiedlichkeit der Kinder wächst, desto illusorischer wird auch bei erhöhter Anstrengung, zusätzlichen Ressourcen oder kleineren homogeneren Gruppen die Hoffnung, ein Konzept erfolgreich realisieren zu können, das auf Homogenität aufbaut.

- Das Prinzip der Jahrgangsklassen fördert die Fiktion einer relativ homogenen Lerngruppe. Kinder, die zu weit von der mittleren Norm abweichen, werden am Schulanfang in präventiver Absicht zurückgestellt oder bleiben innerhalb der Schulzeit sitzen oder werden einer Sonderschule zugeführt. Um die Fiktion der relativ homogenen Lerngruppe zu erhalten, wird das Prinzip der Jahrgangsklasse eingeschränkt und es werden Klassen gebildet, die Kinder mit gleichem Entwicklungsstand und einer Leistungsfähigkeit erfassen sollen, die gleichschrittiges Vorgehen ermöglichen.

  Grundschule heute wendet sich mehr und mehr gegen Segregationen. Sie stellt sich die Aufgabe, Kinder mit unterschiedlichen Begabungen, Neigungen und Fähigkeiten, mit unterschiedlicher sozialer und kultureller Herkunft individuell im gemeinsamen Leben und Lernen zu fördern. Die Förderung sogenannter hochbegabter Kinder bis zur Integration lernbeeinträchtigter oder entwicklungsverzögerter Kinder macht die Spannweite der Grundschularbeit deutlich und verlangt eine Abkehr von den Prämissen, auf denen das Prinzip der Jahrgangsklasse beruht.

Jahrgangsübergreifende Gruppen

4. Vor allem die Veränderung der Kindheit verändert den Anspruch an die Schule; Schule soll zum Ort der Begegnung, Lebens- und Lernstätte werden. Arbeit in jahrgangsübergreifenden Gruppen bietet besondere Chancen für die soziale Erprobung sowie für die Entwicklung sozialer Kompetenz.

- Daß die Schule sich wandeln muß, weil Familie und Kindheit sich gewandelt haben, gehört zu den Feststellungen, die mit breiter Zustimmung nicht nur bei Pädagogen und Eltern rechnen können. «Kinder heute wachsen in veränderten Familienstrukturen auf. Die Ein-Eltern-Familie hat zugenommen; viele Kinder wachsen nicht in den Familien auf, in die sie hineingeboren wurden; nur ein Drittel der Kinder hat andersgeschlechtliche Geschwister. Immer mehr sind Einzelkinder. Vielfach fehlen Grunderfahrungen der gemeinsamen Freude, des Trostes und des Glücks mit Schwester oder Bruder, aber auch des Teilens, der Eifersucht und des gelungenen Streitens. Grundschule heute muß in stärkerem Maße als bisher die Aufgabe erfüllen, Stätte sozialer Begegnung und gemeinsamer Grunderfahrungen zu sein» (Frankfurter Manifest zum Bundesgrundschulkongreß 1989).
- Fölling-Albers (1987) hat mit Hilfe empirischer Lehrerbefragungen die «veränderten Schulkinder» näher zu erfassen versucht. Das Ergebnis der

Veränderungen beim Sozialverhalten der Kinder faßt sie zusammen: «Heutige Kinder werden als eher ich-bezogen, erwachsenen-zentriert und als weniger rücksichtsvoll erlebt» (S. 58). Ein streng lehrerzentrierter und vermittlungsorientierter Unterricht könnte diesem Verhalten der Kinder entgegenkommen. Er nähme jedoch dann seine kompensatorischen Aufgaben nicht wahr. Gerade im Alter von 6 bis 12 Jahren müssen Kinder lernen, sich von ihrer Ich- und ihrer Erwachsenenzentriertheit zu lösen, indem sie sich mit anderen messen und vergleichen. Sie lernen so, individuelle Fähigkeiten, Grenzen und Verpflichtungen zu berücksichtigen und ihre Ansprüche mit denen anderer in ein durchsetzbares Verhältnis zu bringen. Interaktion unter Kindern ist daher in diesem Alter von zentraler Bedeutung für die kindliche Entwicklung (vgl. auch VALTIN 1991).

- Während Kinder den Forderungen von Erwachsenen aus Liebe, Respekt oder auch aus Furcht folgen, stehen sich in der Interaktion unter Kindern relativ gleiche mit ihren jeweiligen Erwartungen und Zielen gegenüber. Sie sind herausgefordert, ihre Sichtweisen und Absichten wechselseitig abzustimmen und zu koordinieren. Erst in der Interaktion mit Gleichaltrigen wird das Kind mit der Aufgabe konfrontiert, die Perspektive von anderen unter der «Bedingung prinzipieller Gleichberechtigung» zu erkennen und die «eigene Perspektive als eine subjektive wahrzunehmen und verschiedenartige Erwartungen abzustimmen» (KRAPPMANN 1991, S. 360).

- Gleichheit und Wechselseitigkeit werden in der Interaktion mit anderen Kindern erfahren. Die Beziehung der Kinder untereinander verlangt personale Verständigung und kooperatives Verhalten. KRAPPMANN verweist in diesem Zusammenhang auf PIAGET, der nachgewiesen hat, daß die Entwicklung gegenseitigen Verstehens, die Bemühungen, Aussagen als richtig und wahr zu erweisen, das Verständnis für Regeln sowie das moralische Urteil in die Auseinandersetzung unter gleichaltrigen Kindern eingelagert sind. Greifen Erwachsene in diese Interaktionen unter Kindern ein oder bietet die Kinderwelt keine oder nur eingeschränkte Möglichkeiten für die soziale Interaktion, so werden die für den Aufbau sozialer Kompentenz so wichtigen Sozialisationsprozesse gefährdet und das Verständnis für Regeln gestört (S. 371 ff.). Erwerb von sozialer Kompetenz darf somit nicht als Nebenprodukt des Unterrichts angesehen werden.

- Die hohe Bedeutung der Gruppe der Gleichaltrigen für den Aufbau sozialer Kompetenz kann nicht als entwicklungspsychologische Fundierung der altershomogenen Klassen interpretiert werden, sondern beinhaltet, daß Kinder für die Entwicklung sozialer Kompetenz in einer Klasse mit Gleichaltrigen zusammen arbeiten, spielen, sich messen, miteinander streiten und sich versöhnen müssen. Gerade wenn Kinder aus der Interaktion mit Gleichaltrigen weitgehend ausgeschlossen werden, weil sie z. B. aufgrund ihres geringen Leistungsvermögens keine Akzeptanz in der Gruppe finden, bietet die altersgemischte Gruppe eine Chance, diese Belastungen aufzufangen und Interaktionspartner zu finden, die ggf. jünger oder älter sind.

- Auch in der Arbeitswelt werden heute neben grundlegenden Kenntnissen verstärkt soziale Fähigkeiten wie Kontaktfreudigkeit, gruppenorientiertes Verhalten, Kooperationsbereitschaft, Teamfähigkeit, soziale Sensibilität, Solidarität angefordert. Soziale Fähigkeiten gehören zu den «Schlüsselqualifikationen» (Hüfner 1992).

Da in der Kinderwelt heute Familie und Straßensozialisation nur noch eingeschränkte Gelegenheiten zur Interaktion zwischen Kindern schaffen, fällt der Schule hier eine kompensatorische Aufgabe zu. Sie soll den Kindern helfen, Sozialkompetenz zu entwickeln, indem sie vielfältige Gelegenheiten für soziale Interaktion zwischen den Kindern in gemeinschaftlichem Zusammenleben und Zusammenarbeiten schafft. Hieraus ergibt sich die Notwendigkeit, Lehrerzentrierung zugunsten sozialer Lernprozesse und Interaktionen zwischen den Kindern abzubauen.

5. Heterogenität wird mehr und mehr als konstitutiv für Lernen in einer Gruppe gesehen. Jahrgangsübergreifende Gruppen erweitern die Heterogenität und bieten spezielle didaktische Chancen.

- Die Reformhoffnungen der 70er Jahre, die unterschiedlichen Lernvoraussetzungen durch kompensatorische Fördermaßnahmen ausgleichen und eine möglichst hohe Homogenität einer Lerngruppe herstellen zu können, haben sich nicht erfüllt.

Wenn heute von der pädagogischen Wissenschaft festgestellt wird, daß ein gleichschrittiger Beginn und ein zielgerichtetes Fortschreiten gerade auch in grundlegenden Lernbereichen wie Sprache und Mathematik besonders häufige Ursache für frühes Schulversagen und ungleiche Chancen sind, weil bei den langsam Lernenden die Lernvoraussetzungen und die Lernanforderungen immer stärker auseinanderklaffen, dann wird Unterricht nicht auf Homogenisierung der Lerngruppe auszurichten sein, sondern sich auf die Heterogenität der Lerngruppe beziehen müssen.

- Vor allem die Grundschule versucht seit Jahren auf die Unterschiedlichkeit der Kinder zu antworten. Heterogenität wird nicht nur als Lernvoraussetzung gesehen, die es mehr und mehr auszugleichen gilt, sondern Heterogenität zu erhalten und mit der Vielfalt der Lebenswelten, Lebensziele und Lebenschancen zu leben, wird Auftrag und Herausforderung an Schulkonzept und Unterrichtsgestaltung. Die Unterschiedlichkeit der Kinder soll als Bereicherung für das gemeinsame Leben und Lernen in der Schule erkannt und in seinem pädagogischen Reichtum genutzt werden; daher wird die Fiktion einer homogenen Lerngruppe aufgegeben.

Aus dem Auftrag der Grundschule, gemeinsame Schule für alle Kinder zu sein, ergibt sich eine besondere Verpflichtung, eine «Pädagogik der Vielfalt in der Gemeinsamkeit» (Preuss-Lausitz 1993) zu entwickeln und einen Unterricht zu gestalten, der jedem Kind das Recht und die Chance auf «eigentümliche» (Schleiermacher) Entwicklung einräumt; dies beinhaltet, das Kind als Person, als ein im Kern unverfügbares Wesen zu achten.

- Kinder lernen von anderen Kindern; sie lernen durch Lehren; in vielen Situationen können sie jüngeren, gleichaltrigen, aber auch älteren Kindern besser etwas erklären, zeigen und lehren als Erwachsene. M. Montessori verweist auf den Abstand zwischen dem Erwachsenen und dem Kind; sie hält ihn für so groß, «daß der Erwachsene dem kleinen Kind nicht die gleiche Hilfe bieten kann, wie derjenige, der diesem Kind im Alter näher steht».

- Drei Möglichkeiten für ein «Lernen durch Lehren» unterscheidet R. Laging (1993):
  - «Das Lernen von anderen oder durch andere aufgrund spontaner, zufälliger Gelegenheiten, wobei die Lehrer und Lehrerinnen die Möglichkeiten hierzu schaffen müssen;
  - das organisierte partner- oder kleingruppenbezogene gemeinsame Bearbeiten von Aufgaben, wobei es das Ziel ist, daß die Partner oder die Gruppen sich selbst helfen, die Sache zu begreifen. Die Kleineren wachsen so in die Kultur der Größeren hinein;
  - das organisierte Lehren eines oder mehrerer Schüler/innen gegenüber einem oder mehreren Mitschüler/innen. Hier bringen Wissende, Könnende den Noch-Nicht-Wissenden etwas bei, üben regelmäßig mit ihnen oder helfen ihnen, es selbst zu verstehen» (S. 377).

- H. Hagstedt berichtet von einem Versuchsprogramm in den USA «Schüler helfen Schülern». Er unterscheidet idealtypisch drei Modelle:
  - Das «Tutorenmodell»: Die Auswahl von Tutoren hat eine diagnostische und eine didaktische Komponente. Auf der diagnostischen Ebene geht es zunächst darum, die Stärken der Kinder zu identifizieren. Auf einer

Lernen durch Lehren (Foto: Klink)

didaktischen Ebene geht es dann darum zusammen mit dem Kind, die tutoriale Aufgabe so zu definieren, den Lehr-, Lernplan so abzusprechen, daß seine besonderen Fähigkeiten und Stärken auch in der Lernbeziehung zum Tragen kommen können.

- Das Ämter-Modell beruht darauf, daß in der Klasse viele kleine Institutionen eingerichtet werden (Schreibbüro u. ä.).
- Im Markt-Modell kann jedes Kind der altersgemischten Gruppe selbst entscheiden, wann es sich als Experte (Helferkind), wann als Erst-Lerner mit dem ausgewählten Lerngegenstand auseinandersetzen will.

6. Für viele Grundschulen im ländlichen Bereich ist bzw. wird die Arbeit in jahrgangsübergreifenden Gruppen zu einer pädagogischen Herausforderung, um eine Schulschließung zu verhindern.

● Bedingt durch die Bevölkerungsentwicklung in den neuen aber auch in einigen alten Bundesländern wird die kleine, nicht jahrgangsgegliederte Grundschule voraussichtlich wieder ein Schultyp im ländlichen Raum. Vor ca. 25 Jahren besuchte nahezu ein Drittel der Volksschüler Schulen mit vier oder weniger Klassen. Heute sind es nur noch ca. 2 %. Durch die demokratische Entwicklung hat sich jedoch ein Umdenkungsprozeß ergeben.

Die mehrzügigen Mittelpunktschulen haben keinen deutlichen Effektivitätsvorteil gebracht. Knörzer (1985) hat z. B. im Hinblick auf das Selbstwertgefühl festgestellt, daß Kinder des 4. Schuljahres in kombinierten Klassen ein höheres Selbstwertgefühl haben als Viertkläßler in Jahrgangsklassen. Er kommt zu dem Ergebnis, daß die Motivation in kombinierten Klassen erheblich besser ist und gerade leistungsschwächere Kinder ihr Leistungspotential auch ausnutzen und nicht auf Grund eines «Resignationseffektes hinter ihren Möglichkeiten zurückbleiben» (S. 48).

Die Benachteiligung der Schüler im ländlichen Raum wird weniger verursacht durch die Leistungsfähigkeit der Grundschulen als durch das nicht ausreichende Angebot an weiterführenden Schulen. Es ist daher erforderlich, sich konzeptionell und unterrichtspraktisch auf die sinkenden Schülerzahlen in den Grundschulen im ländlichen Bereich einzustellen.

- Der Arbeitskreis Grundschule – Der Grundschulverband – e. V. fordert die Landesregierungen und die Schulträger vor allem in den neuen Bundesländern auf, trotz sinkender Schülerzahlen ein wohnungsnahes Schulangebot für Kinder im Grunschulalter zu sichern. Schulen sollen erhalten bleiben, sofern für eine Übergangszeit zumindest 15 Kinder, längerfristig mindestens 28 Kinder der Jahrgangsstufe 1 – 4 dieses Angebot wahrnehmen. Betont wird die Möglichkeit, daß kleine Grundschulen ihre pädagogische Eigenständigkeit (im Sinne Schule als pädagogische Handlungseinheit) behalten, aber verpflichtet sind, mit anderen Grundschulstandorten zu kooperieren. Hierbei ist vor allem an den Personalbereich gedacht. Flankierend sollten regionale Fortbildungs-, Austausch- und Beratungsnetzwerke eingerichtet werden.

- Das Land Brandenburg führt seit 1996 mit Unterstützung des Ministeriums für Bildung und Wissenschaft (Bonn) einen BLK-Modellversuch **«Entwicklung und Erprobung der Qualitätssicherung kleiner Grundschulen in Brandenburg»** durch (s. dazu die Seiten 22/23 dieses Bandes). Das Konzept soll nicht als eine Neuauflage der Zwergschule verstanden werden, wie sie bis in die 50er und 60er Jahre existierten. Auf folgende Unterschiede wird in akzentuierter Form hingewiesen (zu beachten ist, daß in Brandenburg die Grundschule 6 Jahre umfaßt!):
  - Im Unterschied zu den Zwergschulen geht das Konzept der Kleinen Grundschule von der Begrenzung der Jahrgangsspanne aus. In der Regel sollen zwei, in Einzelfällen drei Jahrgänge gemeinsam unterrichtet werden.
  - Zwergschulen hatten ein Nebeneinander verschiedener Jahrgänge, die Jahrgänge wurden meist nur räumlich zusammengefaßt; der

Frontalunterricht und Abteilungsunterricht dominierten. In Kleinen Grundschulen sollen statt dessen systematisch auch Formen offenen Unterrichts wie Wochenplanarbeit, freie Arbeit oder Projektunterricht entwickelt werden.

- Die traditionelle Zwergschule kam in der Regel mit ein oder zwei Lehrerinnen oder Lehrern aus. Es entstanden pädagogische Provinzen weitgehend ohne Diskussion. Die kleine Grundschule soll dagegen über einen Personalmindestbestand von 4 Lehrerstellen verfügen, so daß Möglichkeiten des Austausches gegeben sind. Zusätzlich sollen durch regelmäßige Teamsitzungen, die Verpflichtung zur Erstellung eines Schulprogramms, Austausch und Fortbildung an Lernwerkstätten, teilweise Integration der Kleingrundschule in Verbundsysteme ein Netz von Möglichkeiten, Orte und Zeiten für regelmäßige pädagogische Diskussionen gegeben werden.

Jahrgangsübergreifende Arbeit als Element des Schulkonzeptes

7. Lernen in altersgemischten Gruppen steht gleichwertig neben dem Lernen in Jahrgangsklassen

Jahrgangsübergreifende Gruppenbildungen schaffen spezifische Chancen, um die erzieherischen, didaktischen und schulorganisatorischen Aufgaben der Grundschule zu bewältigen. In vielen Bundesländern wird daher die Offenheit im Hinblick auf die adäquate Organisationsform Jahrgangsklasse und/oder jahrgangsübergreifende Gruppen in einem rechtlichen Rahmen abgesichert, so heißt es z. B. in der Verordnung für die Ausgestaltung der Grundschule des Hessischen Kultusministeriums vom 23. August 1995: *«Der Unterricht wird in jahrgangsbezogenen oder jahrgangsübergreifenden Lerngruppen erteilt»*.

Damit wird jahrgangsübergreifende Gruppenbildung zu einer Anfrage, die im schuleigenen Konzept, im Schulprogramm einer Schule zu beantworten ist.

8. Anstöße für die Veränderung, die Vertiefung oder Erweiterung jahrgangsübergreifenden Arbeitens in der Schule ergeben sich aus der Bestandsaufnahme und aus der Beschäftigung mit der Praxis anderer Schulen, mit pädagogischen Konzeptionen oder durch Beratungshilfen.

- Vor jedem Entwicklungsschritt ist eine Bestandsaufnahme erforderlich. Spuren, Elemente, Bausteine jahrgangsübergreifenden Arbeitens, Spielens und Lernens sind in jeder Schule zu finden:

  Jahrgangsübergreifende Aktivitäten im Verlauf des Vormittags reichen von Gesprächen und Begegnungen auf dem Flur oder dem Schulhof bis hin zu Arbeitsgemeinschaften, jahrgangsübergreifenden Angeboten in Spielbereichen und Lernwerkstätten.

  Die Bestandsaufnahme wird in der Regel Möglichkeiten zeigen, das jahrgangsübergreifende Prinzip an der Schule zu verstärken, z. B.: Die Zusammenarbeit zwischen den Lehrkräften wird nicht in Richtung Parallelklassen, sondern jahrgangsübergreifend intensiviert; Lehrkräfte der Jahrgänge 1-4 bilden ein Team. In den Klassenräumen auf einem Flur sind nicht alle Drittkläßler, sondern die Klassen 1-4 untergebracht (s. Teil 11 dieser Reihe «Teamarbeit in der Grundschule» S. 56).

- Peter Petersen und Maria Montessori sind die Klassiker unter den Pädagogen für jahrgangsübergreifende Gruppenbildungen. Hier anzuknüpfen beinhaltet, sich in eine bestimmte pädagogische Tradition zu stellen – dies ist im Fall von Petersen nicht unbestritten – es verlangt daher auch eine kritische Auseinandersetzung mit der – immer auch zeitbedingten – Pädagogik. Das Anknüpfen an eine bestimmte pädagogische Tradition und der kritische Diskurs können helfen, zu einem fundierten Konzept zu finden.

- Reformschulen haben die ideale Altersmischung schon gefunden: 1.-3. Schuljahr und 4.-6. Schuljahr; doch kann diese Organisation nur in einer sechsjährigen Grundschule realisiert werden. In der Regel müssen andere Lösungen gesucht werden: aufsteigende Klassen oder Kombinationsklassen mit 1./2. Schuljahr und 3./4. Schuljahr oder die «klassenfreie Grundschule» vom 1. bis 4. Schuljahr. Pro und Contra unter den jeweiligen schulspezifischen Bedingungen sind in Beiträgen dieses Bands beschrieben.

- Einen neuen Schub erhält die Diskussion um jahrgangsübergreifende Gruppen im Zusammenhang mit der Forderung nach Einschulung ohne Zurückstellungen. Eine neue integrativ arbeitende Schulanfangsstufe 1./2. Schuljahr bzw. eine weiter entwickelte Eingangsstufe von 0 bis 2. Schuljahr zeichnen sich als Schulentwicklungsaufgabe für die nächsten Jahre bereits ab.

- Hilfe und Unterstützung sollten von seiten der Fortbildung und den Schulämtern kommen.

Literatur

BAMBACH, HEIDE: Weder Gewähr noch Bedingung. In: Die Grundschulzeitschrift 84/1995, S. 40

BRÜGELMANN, HANS: Schafft die Jahrgangsklasse ab. In: Die Grundschulzeitschrift, 2. Jg. 1988, Heft 13, S. 2

FELDMANN, KLAUS: Schüler helfen Schülern, Tutorenprogramme in der Schule. München 1980

FÖLLING-ALBERS, MARIA (Hrsg.): Veränderte Kindheit – veränderte Grundschule. Beiträge zur Reform der Grundschule, Bd. 75. Frankfurt 1989

GARLICHS, ARIANE: Alltag im offenen Unterricht. Das Beispiel Lohfelden-Vollmarshausen. Beiträge zur Reform der Grundschule, Bd. 78. Frankfurt 1990

DIE GRUNDSCHULZEITSCHRIFT – Heft 84/Mai 1995: «Altersgemischtes Lernen» Seelze

HAGSTEDT, HERBERT: Kinder mit Lehrfunktionen. In: Die Grundschulzeitschrift 84/1995, S. 16-19

HEUSS, GERTRAUD E.: Jahrgangskombinierte Klassen in der Grundschule (1. Teil) und Jahrgangskombinierte Klassen in der empirischen Forschung (Teil 2). In: Grundschule (1989), 4, S. 54 und 7/8, S. 70-72

HÜFNER, GERHARD: Schlüsselqualifikation. In: Schulverwaltung Nr. 3/92, S. 87-95

INGENKAMP, KARLHEINZ: Zur Problematik der Jahrgangsklasse. Weinheim 1969

KNÖRZER, WOLFGANG: (Hrsg.): Sind Schüler in kombinierten Grundschulklassen benachteiligt? Ein empirische Untersuchung. Baltmannsweiler 1985

KRAPPMANN, LOTHAR: Sozialisation in der Gruppe der Gleichaltrigen. In: HURRELMANN, KLAUS/ULRICH, DIETER (Hrsg.): Neues Handbuch der Sozialisationsforschung. Weinheim und Basel 1991, S. 355-375

KRÜGER, RUDOLF: Projekt Lernen durch Lehren. Schüler als Tutoren von Mitschülern. Bad Heilbrunn 1975

LAGING, RALF: Altersgemischte Gruppen als Beitrag zur Schulreform. In: Die Deutsche Schule Jg. 85, 1993, H 3, S. 364-382

LAGING, RALF: Altersgemischtes Lernen. In: Die Grundschulzeitschrift 84/1995, S. 6-13

MONTESSORI, MARIA: Spannungsfeld: Kind – Gesellschaft – Welt, Freiburg 1979

PÄDAGOGISCHES LANDESINSTITUT BRANDENBURG: Wege entstehen beim Gehen «Kleine Grundschulen» entwickeln ein Konzept, Heft 5 1995

PREUSS-LAUSITZ, ULF: Die Kinder des Jahrhunderts – Zur Pädagogik der Vielfalt im Jahr 2000. Weinheim 1993

SCHMIDT-STEIN, GERHARD: Die Jahresklasse in der Volksschule. Untersuchung – Kritik – Lösungsvorschläge. Stuttgart 1963

SKIERA, EHRENHARD: Schule ohne Klassen. Gemeinsam lernen und leben. Das Beispiel Jenaplan. Heinsberg 1985

VALTIN, RENATE: Mit den Augen der Kinder. Freundschaft, Geheimnis, Lüge, Streit und Strafe. Reinbek 1991

Kleine Grundschule – eine Chance für das Lernen

Um eine Akzeptanz der Kleinen Grundschule bei den Eltern und in der Öffentlichkeit zu erreichen, müssen die Lernchancen und -erfolge ihrer Schülerinnen und Schüler durch besonders gut durchdachte und erprobte Unterrichtsformen abgesichert werden. Insbesondere muß der problemlose Übergang in die Schulformen der Sekundarstufe I nach dem 6. Schulbesuchsjahr gewährleistet sein.

Mögliche Probleme der «Kleinheit», z. B. die Notwendigkeit der Bildung jahrgangsübergreifender Lerngruppen oder die geringere Anzahl von Lehrerinnen und Lehrern mit einem entsprechend schmaleren fachlichen Spektrum, können dabei durchaus auch als neue Chance pädagogischen und kommunikativen Handelns begriffen werden. Einerseits sollen in jahrgangsübergreifenden Lerngruppen die Chancen der «Sozialität» schulischen Lernens besonders genutzt werden: wechselseitiges Helfen, Imitationslernen, versprachlichte Mitteilung gefundener Lösungswege durch ältere Schülerinnen und Schüler, Auseinandersetzung mit unterschiedlichen Arbeitsstilen, Arbeitsmethoden, Meinungen und Positionen.

Auf der anderen Seite müssen in nicht altershomogenen Gruppen differenzierende und individualisierende Lernformen eine besondere Bedeutung gewinnen, weil sie Lernprozesse absichern können, die gleichzeitig auch auf unterschiedliche Lernvoraussetzungen, Lerntypen und Lerninteressen Bezug nehmen können. So läßt sich das pädagogische Prinzip der «Passung» am ehesten verwirklichen.

Sowohl für differenzierende und individualisierende Lernformen als auch für die Nutzung der Potentiale sozialen Lernens sind im ersten Drittel unseres Jahrhunderts differenzierte Konzepte gerade von den Reformpädagoginnen und Reformpädagogen entwickelt worden, die eine jahrgangsübergreifende Unterrichtorganisation gefordert haben. Dementsprechend werden für die Unterrichtsgestaltung in Kleinen Grundschulen die methodischen Ansätze der Reformpädagogen eine besondere Bedeutung einnehmen, da sie Anregung und Impulse für die Lern- und Lebensgestaltung an Kleinen Grundschulen geben können.

Im Kontext der gerade für kleine, ländliche Schulen wichtigen Entfaltung der Formen der Schulöffnung wird es zu ausgeprägten Wechselwirkungen zwischen Unterrichts- und Schullebengestaltung kommen. In einer erweiterten täglichen Schulzeit können situationsbezogen unterschiedliche Intensitätsgrade des Lernens erprobt werden, um Lernmotivation auch über eine längere schulische Verweildauer aufrechtzuhalten und um spielerische, rezeptive und aktive

Lernformen sinnvoll miteinander zu verknüpfen. So kann Rhythmisierung des Schulalltages zu einem altersspezifisch und individuell sinnvollen Wechsel von Anspannung und Entspannung beitragen.

Weithin orientierten sich traditionelle Handlungskonzepte der Schule, auch die der Grundschule, vor allem an deren originärer Aufgabe: der Wissensvermittlung. Die sich gleichzeitig vollziehende Sozialisation (die Auseinandersetzung und die Integration des heranwachsenden Kindes in das Wert-, Normen- und Verhaltenssystem des soziokulturellen Umfeldes) fließt oft als sekundärer Faktor in die Handlungskonzepte ein.

Unter Berücksichtigung der beschriebenen Bedingungen der primären Sozialisation soll erprobt werden, wie die Primärstufe neben der Vermittlung der originär «schulischen Bildung» gleichzeitig dem basalen Bedürfnis des Kindes nach personaler Beziehung und Zuwendung und nach unmittelbarer handlungspraktischer, sinnlicher Erfahrung entsprochen werden kann.

Die Kleine Grundschule bietet die Chance einer Gestaltung der Lernkultur, die den Aneignungs- und Verarbeitungsweisen von Kindern im Grundschulalter besonders entspricht:

- eigentätiges und selbständiges Lernen durch projektorientierte, handlungs- und produktbezogene Unterrichtsformen
- Betonung sozialer Formen des Lernens durch Partner- und Kleingruppenarbeit sowie Entwicklung von Helfersystemen in jahrgangsübergreifenden Stammgruppen
- lebensnahes Lernen durch Öffnung von Schule und Unterricht zu außerschulischen Lernorten und originalen Standorten für Natur-, Technik-, Geschichts- und Kulturbegegnung oder-erfahrung im Nahbereich.

Bezugspunkt einer Lernkultur, in der Ganzheitlichkeit, Eigentätigkeit, Lebensnähe, soziale Elemente und Offenheit ständig entwickelt werden, kann ebenfalls die Reformpädagogik sein.

Neben den Prinzipien Eigentätigkeit (vgl. John Dewey, Ellen Key, Maria Montessori, Helen Parkhurst) und Öffnung der Schule zum Nahbereich (vgl. Paul Geheeb, Celestin Freinet, Robert Morris) ist in der Reformpädagogik vor allem die das Lernen stimulierende Bedeutung jahrgangsübergreifender Gruppen betont worden (vgl. Maria Montessori und Peter Petersen). Diese Erfahrungen der Reformpädagogik sind für die Gestaltung Kleiner Grundschulen aufzugreifen, zu variieren und für eigenständige Schulkonzepte zu nutzen.

(Auszug aus dem Modellversuchsantrag des Landes Brandenburg «Entwicklung und Erprobung der Qualitätssicherung Kleiner Grundschulen in Brandenburg» 1994)

Johannes Förch/Horst-Dieter Gerold/Erich Hammer
Thomas Helmle/Petra Wöbcke-Helmle/Rolf Kehrer

Die altersgemischte Klasse – Aus der Sicht kleiner Grundschulen

Klassen, in denen mehrere Schülerjahrgänge gleichzeitig von einem Lehrer unterrichtet werden, nennt man kombinierte Klassen. Manche sprechen auch von der altersheterogenen oder jahrgangsübergreifenden Klasse.

Geschichtlicher Hintergrund

Lehren und Lernen in altersheterogenen Klassen gab es bereits im Mittelalter, denn ein Schüler konnte erst dann in die nächste Stufe aufrücken, wenn er alle Lernziele beherrschte. Schüler mit gleichem Leistungsniveau wurden altersunabhängig in einer Klasse unterrichtet.

Erst vor ca. 170 Jahren, mit der Einführung der allgemeinen Schulpflicht und der Festsetzung des Schulbeginns auf einen bestimmten Termin, wurde das Jahrgangsklassensystem eingeführt. Es basiert u a. auf der Annahme, daß die intellektuelle Entwicklung gekoppelt an das körperliche Wachstum in festen Phasen verlaufe.

Altersheterogene Klassen waren nur noch in den Dörfern selbstverständlich. Da die Schülerzahlen in den einzelnen Jahrgängen klein waren, wurden mehrere Jahrgänge zu einer Klasse zusammengefaßt. Das geschah ohne pädagogische Begründung, lediglich aus ökonomischen Gründen.

Zu Anfang unseres Jahrhunderts lösten Reformpädagogen wie PETER PETERSEN und MARIA MONTESSORI Jahrgangsklassen auf und bildeten altersheterogene Klassen. Sie taten das aus sozialerzieherischen und unterrichtspraktischen Gründen. Diese Form der Unterrichtsorganisation fand keine weite Verbreitung, da sie dem politischen Zeitgeist nicht entsprach.

Nach dem Sputnikschock von 1956 suchte man die Schuld für den Technologierückstand des Westens im Schulwesen und der nicht ausgeschöpften Begabungsreserve. So versuchte man Anfang der sechziger Jahre durch organisatorische und inhaltliche Veränderungen das Schulwesen effektiver zu gestalten. Die Schulentwicklungspläne sahen große zentrale Schulen vor, die mit ihrem differenzierten Angebot leistungsfähiger sein sollten. Der Unterricht wurde wissenschaftsorientiert. Durch operationalisierte Lernziele erhoffte man sich eine Optimierung des Lernerfolgs. Zugrunde lag die Vorstellung eines durchschnittlichen Einheitsschülers und die Idee eines gleichmäßigen Lernfortschritts für alle Schüler in allen Lernbereichen.

Oft gegen den heftigen Widerstand der Betroffenen wurden die kleinen Dorfschulen mit ihren kombinierten Klassen aufgelöst. Fast alle Verantwortlichen im Bildungswesen hatten unbesehen und ungeprüft die Meinung übernommen, an kleinen Schulen lerne man weniger, und rechtfertigten damit den rigorosen schulischen Kahlschlag: die Auflösung vieler kleiner Schulen und die Errichtung großer Schulzentren. Die Praktiker der kleinen Schulen, die dieser Auffassung widersprachen, wurden nicht gehört oder ignoriert. Man orientierte sich einseitig an Negativerscheinungen, die es an Schulen mit Jahrgangsklassen genau so gab und immer noch gibt. In der Diskussion um die Dorfschule spielten weniger sachliche als ideologische Aspekte eine Rolle.

Neue bildungspolitische Tendenzen

Einige kleine Schulen mit kombinierten Klassen hatten in Baden-Württemberg die Auflösungswelle überlebt. Ende der siebziger Jahre wurde die Pädagogische Hochschule Schwäbisch Gmünd beauftragt, wissenschaftlich zu untersuchen, ob Kinder in kombinierten Klassen weniger lernen. Ein Forschungsprojekt unter der Leitung von Prof. W. KNÖRZER wurde durchgeführt. Das Ergebnis zeigte, daß kombinierte Klassen im Vergleich zu Jahrgangsklassen mit ähnlicher Sozialstruktur ebenbürtige Leistungen erbringen, im Sozialbereich aber erhebliche Vorteile aufweisen. Die Medien, voran das Fernsehen, griffen die angeblich neuen Erkenntnisse auf. Den Regierenden kam diese «Erkenntnis» Anfang der 80er Jahre nicht ungelegen, denn die Auflösung der Dorfschulen hatte zu strukturpolitischen Negativwirkungen geführt. Dörfer ohne Schulen waren für junge Familien uninteressant geworden, und es entstand eine Art Landflucht. Außerdem stiegen die Schülerbeförderungskosten unaufhörlich. Daher wurde die Auflösung weiterer kleiner Dorfschulen eingestellt. Unter dem Leitmotiv «wohnortnahe Grundschule» wurden bald darauf Schulen mit jahrgangsübergreifenden Klassen wiedereröffnet.

Gleichzeitig vollzog sich in der pädagogischen Diskussion allmählich eine Abkehr von der Wissenschaftsorientierung und eine starke Hinwendung zum Kind. Ärzte schlugen Alarm mit der Parole «Die Schule macht die Kinder krank», und Elternaktionen wie «Humane Schule» entstanden. Durch das wiedererwachte Interesse für kindliche Bedürfnisse entdeckten immer mehr Lehrer die Reformpädagogik und hier besonders die Montessori-Pädagogik.

PETER PETERSEN wies schon in den 20er Jahren auf den «Bankrott des Jahresklassensystems» hin und führte jahrgangsübergreifende Lerngruppen ein, die das Sitzenbleiben verhindern und darüber hinaus die Gewähr bieten sollten, daß durch die Altersunterschiede als pädagogisches Lern- und Erfahrungsfeld vielfältige Lernprozesse initiiert werden.

Er und auch MARIA MONTESSORI kombinierten jeweils drei Jahrgänge, damit das Kind im Laufe von drei Jahren die Stellung «unten, in der Mitte und oben» mit ihren Besonderheiten erfahren kann. Da in der Bundesrepublik die vierjährige Grundschule (mit Ausnahme von Berlin und Brandenburg) die Regel ist, können hier nur zwei oder vier Jahrgänge kombiniert werden. Nach der derzeitigen Rechtslage dürfen in Baden-Württemberg in staatlichen Schulen zwei Jahrgänge kombiniert werden, wenn wegen geringer Schülerzahlen keine Jahrgangsklassen gebildet werden können. In Nordrhein-Westfalen gibt es Montessori-Grundschulen, an denen die Jahrgangsklassen aufgelöst und Klassen gebildet wurden, bei denen jeweils vier Jahrgänge kombiniert sind. Es sind meist mehrzügige Schulen, bei denen der eine Zug mit kombinierten Klassen, der andere mit Jahrgangsklassen geführt wird, so daß die Eltern die Wahlfreiheit bezüglich der Sozialform haben. Inzwischen gibt es eine Reihe von Lehrkräften, vor allem Anhänger der Montessori-Pädagogik, die wegen der erzieherischen Vorteile einer altersgemischten Klasse den Vorzug geben würden.

Die kombinierte Klasse hat natürlich nicht nur Vorteile. Ein wesentlicher Nachteil besteht darin, daß an die Lehrer erhöhte Anforderungen gestellt werden. Es wäre daher verfehlt, die Jahrgangsmischung allgemein zu fordern. Aber den Lehrern, die um der Vorteile willen die Mehrbelastung gerne auf sich nehmen würden, sollte die Möglichkeit eingeräumt und die notwendige Unterstützung gewährt werden.

Gründe für die Altersmischung

Pädagogische Aspekte

Im Jahre 1990 erschien an der Westfälischen Wilhelms-Universität Münster ein Gutachten der Professorin DR. HOLSTIEGE über das «Prinzip der Altersmischung in Montessori-Schulen». Was hier im Blick auf Montessori-Schulen über altersgemischte Klassen gesagt wird, gilt für jede altersheterogene Klasse:

«Die grundsätzliche erzieherische Bedeutung der Altersmischung liegt in der Ermöglichung und Förderung der 'Kooperation der Kinder' ...

Die intendierte Kooperation der Kinder hat eine sozialerzieherische und eine pädagogische Komponente.

Unter dem unmittelbar pädagogischen Aspekt betrachtet, wird das kindliche Lernen erleichtert, indem Kinder, die in ihrer Denk- und Mit-teilungsweise näher beeinander sind, sich gegenseitig helfen. Dazu ist ein natürliches Altersgefälle von erfahrungsgemäß drei Jahren Altersunterschied unter den Kindern erforderlich. Die auf diese Weise entstehenden Beziehungen der Kinder haben Einfluß auf ihre Bildungsentwicklung. In kooperativen Lernprozessen 'vervollkommnet das Kind das, was es weiß, indem es lehrt, denn es muß seinen kleinen Wissensschatz analysieren und umarbeiten, will es ihn an andere weitergeben. Dadurch sieht es die Dinge klarer', wie es im Studienbegleitbrief für Montessori-Pädagogen heißt.

In diesem Wissensaustausch lernt das jüngere Kind von einem älteren, und das ältere Kind ist gehalten, bei der Wiedergabe seines Wissens dieses so zu ordnen, daß es informativ und verständlich mitteilbar wird. Eigene Unklarheiten werden dem informierenden Kind deutlich und zwingen in diesem Prozeß zur Klärung.

Der beschriebene Prozeß enthält eine mehrfache Weise der Herausforderung kindlicher Primärmotivation. Jüngere Kinder sehen die Arbeiten der älteren. Sie erwärmen sich dafür und bitten um Teilnahme an der Arbeit. Dieser Vorgang löst Erklärungsnotwendigkeiten durch die arbeitenden älteren Kinder aus. Der zuvor beschriebene Prozeß setzt ein. Altersmischung führt so zu Kooperationen, bei denen die jüngeren das Sachinteresse der älteren Kinder zusätzlich stimulieren. Es entsteht im elementarsten Sinne kommunikatives Lernen. Auf diese Weise bewirkt die Kooperation bei jüngeren und älteren Kindern einen sozial initiierten Lernzuwachs mit daraus resultierender Primärmotivation zu weiterführenden Lerninteressen und -bereitschaften. Gleichzeitig werden Lehrende entlastet und haben die Möglichkeit, sich der Hilfe bedürftiger anderer Kinder der Gruppe intensiver zuzuwenden.

Die sozialerzieherische Komponente der Kooperation der Kinder liegt in deren sozialwirksamen Folgen. Aus der gegenseitigen Hilfe bei schulischen Arbeiten und Aufgaben erwachsen Achtung der Kinder voreinander und Interesse aneinander. Dies sind Grundqualitäten sozialen Verhaltens, die Toleranz ebenso ermöglichen wie soziale Harmonie und soziale Disziplin. Letzere ist erforderlich, damit Kinder trotz unterschiedlicher Interessen in Eintracht leben können (HOLSTIEGE, 1990, S. 1/2).

Unter der Randbemerkung «Jahrgangsübergreifende Klassen optimieren die Lernsituation» findet man im Studienbegleitbrief zur «Einführung in die Montessori-Pädagogik» der Fernuniversität Hagen folgende Ausführungen:

«Ein Kind, das in einer Klasse, in der vier Jahrgänge zusammengefaßt sind, untergebracht ist, hat für seine Förderung keine Lernbarrieren, sondern ein optimales Angebot von Anreizen und Kooperationsmöglichkeiten für den Lernprozeß. In einer jahrgangsübergreifenden Klasse findet das Kind sowohl eine überschaubare Anzahl von Mitschülern vor, mit denen es sich solidarisch sehen

und gemeinsam lernen kann, als auch eine Lerngruppe, die sich schon in einem fortgeschrittenen Lernstadium befindet, es selbst motiviert und auch für die Unterstützung seiner Arbeit zur Verfügung steht. Das gesamt pädagogische Konzept der jahrgangsübergreifenden Klassen bietet dem Kind so einerseits eine optimale Lernsituation, andererseits aber auch die Möglichkeit für eine soziale Kooperation, das heißt zu einer Gestaltung von Lernprozessen in Bezug und mit Bezug zu anderen.»

Gesellschaftliche Aspekte

In unserer Gesellschaft vollzieht sich ein starker Wandel. Alte Normen und Wertvorstellungen verfallen zunehmend. Die geänderte Einstellung zu Ehe und Familie wirkt besonders deutlich in die Schule hinein. Immer mehr Kinder wachsen ohne Geschwister auf. Diesen Kindern fehlen wichtige soziale Erfahrungsfelder. Dazu schreibt R. Lempp (1986, S. 896):

«Die Möglichkeit, an einem wenige Jahre älteren Geschwister zu lernen, bei ihm Schutz zu finden, aber auch von ihm gelegentlich geplagt zu werden und ständig versucht zu sein, es ihm gleichzutun oder andererseits die Möglichkeit zu haben, sich gegenüber kleineren Geschwistern überlegen zu fühlen, es zu betreuen wie die Mutter und kleine Verantwortungen für es zu übernehmen, all diese Möglichkeiten kann das Einzelkind in der Regel nicht erleben.»

Die Schule mit kombinierten Klassen kann diese fehlenden sozialen Erfahrungsfelder bieten.

«Die lebendige Schule weist sich vor allem durch ihr soziales Lernen und ihre Interaktionsformen aus. Dazu gehört auch das Zusammenleben und Zusammenlernen von Kindern verschiedenen Alters. Das hatte Peter Petersen – und mit ihm andere Reformpädagogen – für eine lebendige Schulgemeinde gefordert. In der Lernwelt der Schule sollten freisetzende Verhaltensweisen für eigenständiges und verantwortliches Leben in der Gesellschaft erlernt werden, damit die Kinder der Erwachsenenkultur nicht einfach ausgeliefert werden und sie später einmal verantwortlich mitgestalten können» (Kasper 1990, S. 10-11).

«Wo, so ist zu fragen, sollen Einzelkinder den Umgang mit Älteren oder Jüngeren, mit Gutem und mit Bösem, mit kindlicher Akzeptanz oder Verachtung, mit Zuschauen und Nachmachen heute noch lernen – wenn nicht in der Schule?» (Lehmann 1990, S. 30). – *«Soziales Lernen und solidarisches Handeln, ebenso anständiger Umgang und systematische Hilfe brauchen das Oben und Unten, das Besserwissen und das interessiert Nachmachen sowie das Angewiesensein auf verläßliche Mitschüler, die ihre Verantwortung auch aus dem Ältersein ableiten»* (Lehmann 1990, S. 31).

Jugendforscher wie Klaus Hurrelmann (1990), beklagen, daß die Schule zu wenig zum sozialen Lernen und zur Persönlichkeitsentwicklung beitrage. Soziale Defizite werden überall beklagt. Die Schulverwaltung ist sich darüber im klaren, daß die Schule auf die veränderten Lebensbedingungen unserer Schüler reagieren muß. Es genügt nicht, Unterrichtsformen wie mehrkanaliges Lernen, fächerübergreifender Unterricht, Optimierung von Lernprozessen und Lernen im Team zu propagieren. Es müssen auch alternative schulische Organisationsstrukturen möglich werden.

«Nicht noch mehr Spezialwissen wird zum Überleben gebraucht, sondern Wissen, wie man miteinander leben kann, muß diese Schule vermitteln. Wenn sich die Schule nicht primär um Lebensprobleme der Schüler kümmert, werden die Lernprobleme bald kaum noch zu bewältigen sein. Die Herausforderung bleibt, und auch darauf wird sich eine bildungspolitische Gesamtplanung vorbereiten müssen» (Lehmann 1990, S. 32).

Fazit

Aus den vorausgegangenen Ausführungen ergibt sich, daß ein Umdenken einsetzen muß. Kombinierte Klassen sind keine Notlösung, sondern der bessere Weg angesichts unserer gesellschaftlichen Anforderungen. Für die Schulverwaltung hieße das: Genehmigung von kombinierten Klassen, wenn Lehrer und Eltern das wollen.

Literatur

v. Hentig, H.: Vorwort zu Ph. Aries: Geschichte der Kinderheit, München 1977

Holstiege, H.: Das Prinzip der Altersmischung / Allgemein begründeter Teil eines Gutachtens, Münster 1990, S. 1-2

Hurrelmann, K.: Familienstreß, Schulstreß, Freizeitstreß, Gesundheitsförderung für Kinder und Jugendliche, Weinheim 1990

Kasper, H.: Wir haben mit den Sicheln geschnitten/Lebendiges Lernen in der Grundschule, Bühl 1990

Knörzer, W. (Hrsg.): Sind Schüler in kombinierten Grundschulklassen benachteiligt? Baltmannsweiler 1985

Lehmann, B.: Kinderschule: Lehrerschule, Vaas Verlag 1990

Lempp, R.: Familie im Umbruch, München 1986

Studienbegleitbrief «Einführung in die Montessori-Pädagogik» der Fernuniversität Gesamthochschule in Hagen, Fachbereich Erziehungs-, Sozial- und Geisteswissenschaften, Hagen o. J.

Thilo Traub

Die Stammgruppe im Jenaplan Peter Petersens

Es gibt heute bildungspolitische, pädagogische, aber auch fiskalische Motive, die die «Eisblöcke der Jahrgangsklasse» zunehmend zum Schmelzen bringen. Wir nehmen dies zum Anlaß, hier von der Stammgruppe ausgehend, einen Einblick in die Arbeit Petersens und seiner Mitarbeiter/innen zu geben, wie sie im Jenaplan beschrieben ist. Mit dem Begriff Stammgruppe faßt PETERSEN mehr als eine jahrgangsübergreifende Lerngruppe. Die Bedeutung liegt in der «Idee der Gemeinschaft», in der und durch die der junge Mensch Erziehung finden kann. Die Stammgruppe kann demnach im Sinne Petersens nicht verstanden werden, ohne den erziehungstheoretischen Hintergrund zu bedenken. Von Interesse ist deshalb zunächst Petersens Kritik an der Jahrgangsklasse. Die herbartianische Kultur der Belehrung und der Unterrichtsmethode setzt weitgehende Homogenität der Lernmöglichkeiten bei den Kindern voraus. Die Jahrgangsgruppe hat die Funktion, effektives Lernen zu ermöglichen. PETERSEN stellt aber gerade unter diesem Aspekt den «Bankerott der Jahrgangsklasse» fest. Das Versagen der «Alten Schule» tritt in der großen Zahl von Sitzenbleibern – PETERSEN spricht vom «Sitzenbleiberelend» – offen zu Tage. Mit Statistiken zu Schulerfolg und -versagen unterstützt er seine These (PETERSEN 1927, S. 15 ff.):

«Zu diesem Versagen kommt das sozial Bedenkliche des alten Unterrichts, seiner Klasse und Methode. Soziale Bedenken entstehen schon dadurch, daß sich der einzelne als einzelner zu sehr angesprochen fühlt und sich daher in sich selbst isoliert, um dem Anspruch der Schule, des Lehrers zu genügen. Er soll sich in der Klasse behaupten: Finger zeigen, melden, aufsagen, täglich aufgetragene Hausaufgaben mitbringen. Ständig wird er mannigfach vom Lehrer beansprucht mit einer Stetigkeit der Beanspruchung, die ganz fälschlich als erziehend (!), ja auch nur als züchtend aufgefaßt wird. Ihre Folge ist vielmehr, daß der Schüler durch dies alles als einzelner immer stärker dem Lehrer gegenübergestellt wird. Und eben daran haben weder Arbeitsschule noch Gesamtunterricht noch gar freie geistige Arbeit das mindeste geändert. Alles blieb im Grunde nur abgewandelte Methodik in der Hand des Lehrers, und so blieben auch jene Spannungen erhalten und ihre Wirkungen, und damit stellten sich die gleichen ungenügenden Ergebnisse ein, auf des Endziel gesehen» (PETERSEN 1934, S. 10).

PETERSEN sieht die «alte Schule» als ganze und ihren formalgestuften Unterricht mit der Idee der Jahresklasse und mit der Fiktion einer homogenen Lerngruppe verbunden. So wird für ihn die absichtsvolle Bildung von Stammgruppen zur Bedingung für die «Neue Schule». PETERSENS Haltung wird durch seine persönliche Erfahrung unterstützt. Er hatte seine Zeit in der einklassigen Landschule zu Großenwiehe als entscheidende Grundlegung seiner Bildung und Erziehung erfahren.

Der schulorganisatorische Zusammenhang

An die Stelle der Jahrgangsklasse setzt der Jenaplan die «Gruppe», d. i. eine Gemeinschaft von jeweils drei Jahrgängen:

Untergruppe 1.–3. Schuljahr,
Mittelgruppe 4.–6. Schuljahr,
Obergruppe (6.) 7.–8. Schuljahr,
Jugendlichengruppe I (8.) 9.–10. Schuljahr,
Jugendlichengruppe II (10.) 11.–12. Schuljahr.

«Die Überschneidungen im 6., 8. und 10. Schuljahr hängen mit den allbekannten Entwicklungsvorgängen zusammen» (PETERSEN 1937, S. 54).

Wir sehen in PETERSENS Entwurf bereits Gedanken, die auch den integrierten Gesamtschulen seit den 70er Jahren zugrunde liegen. Es stellt sich die Frage, ob die «äußere Schulreform» eine andere «innere» Qualität bekommen hätte, wenn sie auch den Gedanken der «Stammgruppe» mit den hier skizzierten Elementen des Jenaplans aufgenommen hätte. Grundsätzlich müssen wir bis heute in der Bundesrepublik von vierjährigen Grundschulen ausgehen. Die Erfahrungen in den Niederlanden und in den neuen Jenaplan-Schulen im Osten Deutschlands zeigen aber, daß eine «Schule für alle» wenigstens als sechsjährige Grundschule, möglichst aber bis Klasse 10 und bis zum Abitur die eigentliche Perspektive im Sinne der Jenaplan-Pädagogik bleiben muß.

Eine Stammgruppe wird durch drei Jahrgänge gebildet.

«Die Vereinigung von jeweils drei Jahrgängen ist keinerlei Willkür. Sie ergab sich in Jena aus den ab 1925 durchgeführten planmäßigen Versuchen. (...) Kinder einer solchen Phase – also von durchschnittlich drei Jahren – gehören irgendwie seelisch – und was noch wichtiger für den Pädagogen ist – *allgemeinmenschlich* enger zusammen, d. h. sie *bedeuten* etwas Besonderes für einander, können sich gegenseitig besonders viel sein und geben» (PETERSEN 1937, S. 54 f.).

Im «Großen Jenaplan» führt Petersen eine ganze Anzahl guter Gründe für seine Form der Stammgruppenbildung an. Spannend finden wir, wie PETERSEN zugleich die Stabilität und die Lebendigkeit in der Gruppe sowie die Funktion der Begabten in der Gemeinschaft im Blick behält:

«Keine Untergruppe besitzt etwa 30–35 Schulanfänger, überhaupt keine Gruppe 30–35 desselben Jahrgangs, sondern stets ein Drittel, verglichen mit dem üblichen Betriebe; die Altersunterschiede bedeuten verstärkte geistige und allgemeinmenschliche Anregung und Förderung für die Gemeinschaft, dazu sind reichliche pädagogische wie unterrichtliche Führer unter den Kindern selber vorhanden; die Begabten des Jahrgangs treten nicht so stark heraus wie im Jahresverband, entwickeln darum nie die bekannten unangenehmen Seiten der Überlegenen und Besserwissenden. In sehr vielen neuen Schulen wird darüber geklagt, daß sich die Gruppe als Jahrgangsverband zu stark einspiele untereinander wie mit dem Lehrer. Bei der vorgeschlagenen Mischung dagegen wird alljährlich ein Drittel abgegeben, kommen durch das neue Drittel neue Anregungen, neue Aufgaben und Pflichten für Lehrer wie Gruppenverband; die Veränderung bedeutet jedesmal eine uns deutlich sichtbar werdende Kräfteverschiebung und -anspannung, im besten Sinne kommt 'neues Blut' hinzu»
(PETERSEN, S. 21 f.).

Aus den Beobachtungen der Arbeit in den Stammgruppen erkennt PETERSEN typische Interessen und Arbeitsformen, die er den Stufen seiner Schule zuordnen kann und folgert, daß diese Stufen der Entwicklung des Kindes sehr nahe kommen:

«Die Untergruppe ist die Stufe der spielenden Beschäftigung, des gestalterisch-experimentierenden Werkens. Fröbel hat recht gesehen, daß vom Säuglingsalter an Spiel, Bauen und Gestalten vereint sind. So finden wir auf dieser Gruppenstufe Spiel, Beschäftigung, Arbeit und Schaffen noch innig ineinander. Die Mittelgruppe ist die Stufe der Arbeit i. e. S., der Sachlichkeit; so recht die Zeit der didaktischen Einschulung auf allen Gebieten, in die sämtlichen schuleigenen Techniken, die Grundlegung des 'gruppenunterrichtlichen Verfahrens'. Darum zeigt auch die Kurve hier ein starkes Anschwellen der Kurse. Die Schüler dieser Stufe wollen wissen, wie man alles macht und womit man es bewältigt; wie man an die Gestaltung, Bearbeitung und Darstellung der Dinge herankommt. Wir nennen die Stufe darum auch die der 'Werkgrammatik' in allen Dingen. Die Obergruppe wird nun die Stufe der freieren Entfaltung auf Grund des in der Mittelgruppe Erlernten und fester Eingeübten. Hier bringt der Gruppenunterricht seine schönsten Blüten, während die Jugendlichengruppe, die 'Vorlehrzeit', die besten schulischen Früchte tragen würde, wenn unsern Schülern ermöglichst wäre, sie zu besuchen» (PETERSEN 1934, S. 18).

Zu fragen ist für uns heute, ob wir in unseren Schulen PETERSENS Beobachtung bestätigt finden oder ob uns eine andere Zuordnung von gemeinsamen Interessenlagen und Arbeitsformen zu Altersgruppen gelingt, besonders dort, wo wir Stammgruppen in vierjährigen Grundschulen bilden.

Übergänge

Auch in der Jenaplan-Schule stellt sich die Frage der Versetzung, des Übergangs in die nächst höhere Stammgruppe, allerdings in der Regel erst nach drei Jahren. Übergänge sind grundsätzlich zu jedem Halbjahr möglich. Unter dem Stichwort «Die Schule als Zwangseinrichtung» führt PETERSEN aus:

«Da ist an erster Stelle zu nennen die Versetzung; ich nannte schon die Gründe dafür, warum wir sie vornehmen, eben um die Stammgruppen lebendiger zu erhalten. Für die 'Versetzung' ist uns stets ausschlaggebend die 'allgemeine Reife', die menschliche Haltung, die Frage, wie wird sich dieser Junge, dieses Mädchen als ganze kleine Persönlichkeit in der anderen Gruppe fühlen und durchsetzen, als wie sie in ihrem persönlichen Wesen wachsen werden? Die so von dem Lehrkörper monatelang für eine Verschiebung in eine andere Gruppe Beobachteten behalten dabei stets das Recht, sich zu weigern, in die andere Gruppe überzugehen. Auch damit haben wir nur gute Erfahrungen gemacht und gesehen, wie die Kinder durchaus zu einer Selbstbeurteilung fähig sind. Das Kind, welches von uns für den Übergang als geeignet bezeichnet wird, behält auch nach seiner Weigerung das Recht zum Übergang während des ganzen auf den Termin (Ostern) folgenden Jahres. Ein Kind, das sich unserer Meinung entgegen selber für den Übergang geeignet hält, kann unter Umständen das Recht zum Versuch erhalten, aber als widerruflich. Auch im letzteren Falle haben wir erleben müssen, daß Kinder sich richtiger beurteilt hatten, als wir es vermochten. Verkrampfungen sind nur dort aufgetreten, wo – uns im voraus immer bekannt – das Elternhaus den Übergang als Versetzung im Sinne der überlieferten Schule auffaßte, mithin ein Verbleiben in der Gruppe als 'Sitzenbleiben', als eine Degradierung des Kindes. Sobald aber die Elternschaft in längerer Mitarbeit den Sinn dessen verstehen lernt, was wir beabsichtigen, werden die falschen Rückwirkungen seltener werden» (PETERSEN 1930, S. 20 f.).

Das «Übergangsproblem» ist für PETERSEN radikal verändert, wenn Schule nach seinen Vorstellungen strukturiert wird. Der Übergang erfolgt erst nach drei Jahren Entwicklungszeit und kann im Jenaplan wie schon die Einschulung flexibel terminiert werden.

Da im «gruppenunterrichtlichen Verfahren» des Kernunterrichts jedes Kind seinen Fähigkeiten entsprechend beansprucht wird, kann es in jeder

Lerngruppe weitgehend sinnvoll arbeiten. Die Zuordnung erfolgt also ausschließlich entwicklungsbedingt. Die Kurseinteilung kann unabhängig von der Stammgruppenzugehörigkeit erfolgen. Der Selbstbeurteilung der Kinder und der Mitarbeit der Eltern wird bei der Übergangsentscheidung große Bedeutung beigemessen. Wertvoll ist hierfür die Praxis der Jenaplan-Schule, keine Zensuren zu erteilen, sondern Kinder und Eltern mit ausführlichen Berichten über die schulische Arbeit und ihren Erfolg zu informieren.

Kern- und Kursunterricht im Wochenrhythmus

Mit der Organisation des Unterrichts in einem «Wochenrhythmus» überwindet Petersen den «Fetzenstundenplan» der «Alten Schule». Das Denken «vom Kinde aus» fordert Arbeitsphasen, die dem natürlichen Arbeitsrhythmus der Kinder Raum geben. Kursstunden liegen am Anfang des Vormittags, der nur von einer pädagogisch gestalteten Pausenzeit unterbrochen wird. Die Verbindung von Leben und Lernen wird durch die Einbeziehung des Wochenendes in die Darstellung und durch die Bildung von Lernbereichen statt Fächern deutlich. Im Wochenrhythmus PETERSENS bildet der Kernunterricht den zentralen Bereich der Schularbeit in der Stammgruppe. Hier soll sich das «freie Kräftespiel der Gruppe» entfalten. Gemeinschaftsformen sind der Kreis in der Stammgruppe und die Schul- oder Stufenfeier als regelmäßige Einrichtung zur Verbindung von Stammgruppe und Schulgemeinde.

Im Jenaplan werden verschiedene Formen von Kursen unterschieden. Es gibt fachspezifische Lehrgänge, die am Anspruchsniveau der Kinder orientiert sind, Wahlkurse greifen besondere Interessengebiete auf und bei Bedarf werden Einführungen als Ergänzungen zum Kernunterricht in Kursform eingerichtet. PETERSENS Charakterisierung der Altersgruppen entsprechend, nimmt der Anteil des Kursunterrichts in der Mittelgruppe deutlich zu. Der Wochenrhythmus zeigt demnach ein Prinzip, das die Arbeit in der Stammgruppe zum Kern des Unterrichts macht, dennoch fachliche Notwendigkeiten aufnimmt und zugleich offen für eine flexible Gestaltung ist.

Miteinander leben und voneinander lernen – das Helfen in der Stammgruppe

«Die Altersunterschiede sind zugleich verstärkte Bildungsunterschiede, ohne daß wiederum die Spannung zu groß wird. Das bedeutet vermehrte geistige und allgemein menschliche Anregung und Förderung für die ganze Gruppe. Es sind im reicheren Maße pädagogische wie unterrichtliche Führer unter den Kindern

selber vorhanden. Dadurch entsteht jenes fruchtbare 'Bildungsgefälle'. (...) Die drei Jahrgänge verhalten sich zueinander wie Lehrlinge, Gesellen und Meister; auf jeden Fall entsteht eine solche Innengliederung jeder Gruppe, daß jener Vergleich zu Recht besteht» (PETERSEN 1927, S. 38).

Die besondere Bedeutung des Altersunterschieds im Kernunterricht der Stammgruppe wird hervorgehoben. PETERSEN würde allerdings in eine Theorie der Jahrgangsgruppe zurückfallen, wenn die Begriffe «Lehrling, Geselle, Meister» eindeutig mit einer Jahrgangszuordnung verbunden wären. Die Wendung «auf jeden Fall entsteht eine solche Innengliederung» deutet an, daß sich das Arbeitsverhalten mit diesen Begriffen umschreiben läßt.

Zu dem Anteil von Schüler- und Lehrerhilfen in verschiedenen Unterrichtssituationen bezieht sich Petersen auf folgende Untersuchung einer Mitarbeiterin:

«Magdalena Wieschke-Maaß hat die gegenseitigen Hilfen im Unterrichtsleben einer Untergruppe von 33 Schülern (17 Jungen und 16 Mädchen) des 1. bis 3. Schuljahres untersucht. Dadurch lieferte sie zum ersten Male ein ebenso beglückendes wie exakt gezeichnetes Bild von der Kraft und der Mannigfaltigkeit jenes 'Bildungsgefälles' in einer Schülergruppe als echter Arbeitsgemeinschaft. Selbst im Einführungskurs für das erste Schuljahr, in dem die Führung durch den Lehrer naturgemäß am straffsten sein und bleiben wird, war noch ein Viertel (21,52 %) aller Hilfen Schülerhilfen. Im Kreis dessen Leitung ebenso selbstverständlich in der Hand des Lehrers liegt, stieg der Anteil auf 35,64 %. Im Gruppenunterricht jedoch, der nun der gegenseitigen Hilfe den weitesten Raum gewährt, fanden sich 73,36 % Schülerhilfen und nur noch 26,64 % Lehrerhilfen» (PETERSEN 1937, S. 65 f.).

Daß Schülerhilfen im Gruppenunterricht verstärkt auftreten, überrascht nicht. Besonders beeindruckend finden wir aber die Bedeutung der Schülerhilfe für das Lernen und die Erziehung, die in dieser Untersuchung belegt wird. Denn im «gruppenunterrichtlichen Verfahren» ist das Miteinander nicht nur in Form von Hilfeleistungen selbstverständlicher Teil des «Unterrichtens».

PETERSEN hebt die «pädagogischen», d. h. erziehenden Hilfen der Kinder in der Stammgruppe hervor.

«Wir haben unter den Kindern häufig solche, die alle Merkmale des Hilfsschülers besitzen, und andere, die 'schwierig' sind. Es ist aus den Jahresberichten vielfach zu ersehen, wie die Mitschüler den Lehrer tüchtig und gerade in sittlicher Selbständigkeit bei der Erziehung dieser Schüler unterstützt haben, ebenso wie bei deren intellektueller Bildung. Darin hat sich in unserem Kreise nur wiederholt, was alle Lebensgemeinschaftsschulen in jahrelangen Erfahrun-

gen auch beobachtet haben: die große pädagogische Fähigkeit mancher Kinder, die wir in den neuen Schulen sich voll und dann so überaus segensreich auswirken lassen können» (PETERSEN 1937, S. 60).

Die Schulwohnstube

PETERSEN gestaltet einen anregungsreichen Lernraum für Kinder. Gruppentische, Bewegungsraum und vielfältige Arbeitsmittel in klarer Anordnung erschienen geradezu als Bedingung für das «gruppenunterrichtliche Verfahren» im Sinne des Jenaplans. PETERSEN experimentiert mit verschiedenen Tischgruppengrößen, um den Kindern zu ermöglichen, ihrem Bedürfnis gemäße Arbeitsgruppen zu bilden. Der Charakter der Schulwohnstube führt uns wieder zu Petersens Idee der Gemeinschaft.

«Der Raum werde zu einer 'Schulwohnstube'. Darum gehört in ihn keine Hobelbank, kein Sandkasten u. dgl. Und zwar nicht nur wegen der hygienischen Bedenken und störenden Arbeitsgeräusche, sondern weil das Ethos in einer Werkstatt ein anderes ist als das in einer Wohnstube, auch, als das einer Schulwohnstube sein soll. Es ist dies ein Unterschied wie zwischen einer zusammenarbeitenden Gesellschaft und einer zusammenlebenden Gemeinschaft. Mag die Werkstatt soziale Gesinnung in einem bescheidenen Maße mitbewirken, ihr Anteil an persönlichkeitsbildender Kraft ist gering. Den Charakter einer Wohnstube aber verleihen dem Raume ganz besonders der singende Vogel, die tickend Uhr, der Blumenschmuck, der Wandschmuck, den die Kinder selber herstellten. Es bindet Kinder vor allem innerlich stark an ihn alles, was sie an eigenem aus ihrem Besitz, an ihnen wertvollen kleinen und großen Schätzen dort aufstellen dürfen, sei es auch nur vorübergehend» (PETERSEN 1927, S. 32).

Literatur

PETERSEN, PETER: Der Kleine Jena-Plan. Langensalza 1927. 56.-60. Aufl. Weinheim 1980

Ders.: Schulleben und Unterricht einer freien allgemeinen Volksschule nach den Grundsätzen Neuer Erziehung. (Jena-Plan Bd. I) Weimar 1930

Ders. (Hrsg.): Die Praxis der Schulen nach dem Jena-Plan. (Jena-Plan Bd. III) Weimar 1934

Ders.: Führungslehre des Unterrichts. Langensalza 1937. Neuausgabe nach der 10. Aufl. 1971. Weinheim 1984

Hans-Günther Roßbach

Der Forschungsstand zu jahrgangsübergreifendem und altersgemischtem Lernen[1]

In der Diskussion um die Vorteile des altersgemischten Lernens wird nur wenig Bezug auf empirische Forschungsergebnisse genommen. Um zu einer Versachlichung der Diskussion beizutragen, scheint es deshalb zwingend erforderlich, die Forschungsliteratur daraufhin zu befragen, welche Auswirkungen von altersgemischten Lerngruppen auf kognitives und soziales Lernen in empirischen Untersuchungen gefunden wurden. Dabei sollte von vorneherein berücksichtigt werden, daß empirische Forschungsergebnisse alleine keine Reform legitimieren oder – wie wohl manchmal befürchtet wird – verhindern können.

Untersuchungen in der Bundesrepublik

Die Forschungslage im deutschsprachigen Raum ist äußerst unbefriedigend (vgl. auch Heuss 1989). In zwei früheren Untersuchungen von Fippinger (1967) und Furch-Krafft (1979) wurden die Auswirkungen des jahrgangsübergreifenden Unterrichts nur an dem Kriterium standardisierte Schulleistungstests gemessen. Fippinger stellte dabei signifikante Nachteile von Viertkläßlern aus wenig gegliederten Schulen fest, während Furch-Krafft keine Unterschiede bei Viertkläßlern in wenig und voll gegliederten Grundschulen beobachten konnte. Die Untersuchung, die unter der Leitung von Knörzer Anfang der achtziger Jahre in Ostwürttemberg durchgeführt wurde, ist erheblich breiter angelegt (vgl. Knörzer 1984, 1985). 179 Schüler aus acht jahrgangskombinierten Klassen des dritten und vierten Jahrgangs wurden mit 147 Schülern aus sechs Jahrgangsklassen, je drei dritte und vierte Klassen, verglichen. Die Jahrgangsklassen wurden sorgfältig auf Vergleichbarkeit geprüft.

Faßt man die Ergebnisse von Knörzer zusammen, so läßt sich vereinfachend festhalten: Im Leistungsbereich zeigen sich keine Unterschiede zwischen Kindern aus kombinierten Klassen und aus Jahrgangsklassen. Im sozial-motivationalen Bereich ergeben sich keine Unterschiede in der Selbsteinschätzung der Schüler und in ihrem Selbstbild und auch keine Unterschiede in der Leistungsmotivation. Andererseits weisen Kinder aus jahrgangskombinierten Klassen eine leicht positivere Einstellung zur Schule und zum Schulklima auf. D. h., es gibt im sozial-motivationalen Bereich zwar Vorteile zugunsten der Schüler aus kombinierten Klassen, diese müssen aber insgesamt als niedrig eingeschätzt werden. Im Hinblick auf eine Verallgemeinerung der Ergebnisse ist aber Vorsicht angeraten. Zunächst einmal handelt es sich – wie KNÖRZER betont (1984, S. 151) – um eine Pilotstudie, die ausschließlich die Situation von kleinen Grundschulen auf dem Lande untersucht. Zudem gelten die Ergebnisse nur für die Kombination von zwei Jahrgangsstufen, nämlich von dritten und vierten Klassen.

Untersuchungen aus anderen Ländern

Diese Forschungslage in der Bundesrepublik ist unbefriedigend. Anders sieht es jedoch im internationalen Bereich aus. Hier gibt es einen breiten Fundus von einschlägigen empirischen Untersuchungen.

In einem älteren Forschungsüberblick hat PRATT 1983 insgesamt 27 Studien – teilweise solche mit methodischen Mängeln – zum altersgemischten Lernen im Primarbereich analysiert. Das Hauptergebnis ist, daß zum einen altersgemischtes Lernen keine konsistenten Auswirkungen auf die Schulleistungen – gemessen über standardisierte Lese- und Mathematiktests – hat, zum anderen sich aber im allgemeinen günstige Auswirkungen auf die soziale und emotionale Entwicklung zeigen. In einigen Studien profitieren speziell die jüngeren Kinder. Z. B. scheinen Kinder bei der Entwicklung ihres Wortschatzes mehr von der Interaktion mit «etwas» älteren Kindern als von der mit Erwachsenen zu lernen. Der Altersunterschied darf aber nicht zu groß werden. PRATT sieht Probleme, wenn z. B. drei Altersjahrgänge zusammengefaßt werden – eine Altersspanne, die für Versuche mit altersgemischten Gruppen in der Bundesrepublik als günstig angesehen wird (vgl. LAGING 1995, S. 12). In einem in den USA viel beachteten Beitrag zur Begründung altersgemischten Lernens, in der vor allem die Bedeutung einer heterogenen Zusammensetzung der Lerngruppen herausgestellt wird, geben KATZ, EVANGELOU und HARTMANN (1989) einen Überblick über soziale und kognitive Auswirkungen. Im Hinblick auf die kognitiven Effekte verweisen sie auf die Konzepte des «kognitiven Konflikts» und des Handelns in der «Zone der nächsthöheren Entwicklung». Positive Effekte werden aber nicht durch Vergleichsuntersuchungen in altersheterogenen und altershomogenen Gruppen nachgewiesen, sondern aus entwicklungstheoretischen Modellen abgeleitet. Im Hinblick auf soziale Auswirkungen weisen einige Untersuchungen auf positive Effekte hin. Ältere Kinder in altersgemischten Gruppen übernehmen häufiger positive Führungsrollen, was sich für in ihrer Sozialentwicklung gefährdete Kinder potentiell therapeutisch auswirken kann. In altersheterogenen Gruppen scheint prosoziales Verhalten – wie z. B. gegenseitiges Helfen – häufiger aufzutreten als in altershomogenen Gruppen; zudem gibt es in altersgemischten Gruppen für die jüngeren Kinder durch den Kontakt mit den älteren mehr Möglichkeiten zu komplexerem Phantasiespiel, als wenn sie alleine spielen.

In einem systematischen und sehr differenzierten Forschungsüberblick haben GUTIÉRREZ und SLAVIN (1992) insgesamt 57 Untersuchungen aus den letzten vier Jahrzehnten zu den Auswirkungen jahrgangsübergreifenden Unterrichts im Primarbereich auf Schulleistungen – in der Regel gemessen über Schulleistungstests in Sprache, Lesen und Mathematik – zusammengetragen. 45 der Untersuchungen ließen sich einem der folgenden vier Typen zuordnen, in denen die Jahrgangsstruktur des Unterrichts auf unterschiedliche Weise aufgebrochen wird:

1. **Jahrgangsübergreifender Unterricht in nur einem Fach**
   Bei diesem Typ werden nur für ein Fach – in der Regel für Lesen – jahrgangsübergreifende, *aber in diesem Fach leistungshomogene* Lerngruppen gebildet. Ansonsten wird der Unterricht in jahrgangsspezifischen Klassen erteilt. Die Gruppeneinteilung erfolgt flexibel und wird häufig überprüft. Die jahrgangsübergreifende Aufteilung geschieht hier somit zur Bildung von leistungshomogenen Gruppen. Diese Form von jahrgangsübergreifendem Unterricht wirkt sich positiv auf die Lernleistungen der Schüler aus, d. h., die Lernleistungen sind besser als die der Kinder in den Vergleichsklassen mit nur Unterricht in Jahrgangsklassen.

2. **Umfassender jahrgangsübergreifender Unterricht**
   Im Unterschied zum ersten Typ werden jahrgangsübergreifende Gruppen für mehrere Fächer gebildet, wobei für die Gruppenzuteilung jeweils der fachspezifische Leistungsstand ausschlaggebend ist. Die flexibel zu handhabende Zuteilung zu den Gruppen geschieht wiederum, um für den Unterrichtsgegenstand *homogene Lerngruppen* zu erhalten. Auch diese Form von jahrgangsübergreifendem Unterricht führt gegenüber dem Unterricht in traditionellen Jahrgangsklassen zu verbesserten Schulleistungen der untersuchten Kinder.

Diese beiden Typen jahrgangsübergreifenden Unterrichts unterscheiden sich von der Diskussion um altersgemischte Gruppen in der Bundesrepublik gerade dadurch, daß die Bildung der altersgemischten bzw. jahrgangsgemischten Gruppen nicht geschieht, um leistungsheterogene, sondern gerade um leistungshomogene Gruppen zu erhalten. Dies ist nun bei dem dritten und vierten Typ anders.

3. **Jahrgangsübergreifender individualisierter Unterricht**
   Der jahrgangsübergreifende Unterricht nimmt hier explizit das Konzept des individualisierten Unterrichts auf; weitere Elemente sind Arbeit mit Lernstationen und vielfältigen Lernmaterialien, Tutoring, offener Unterricht. Dieses Konzept des jahrgangsübergreifenden Lernens ist durchaus mit den für die Bundesrepublik propagierten Formen altersgemischten Lernens vergleichbar. Nach GUTIÉRREZ und SLAVIN unterscheiden sich die Schülerleistungen im jahrgangsübergreifenden individualisierten Unterricht nicht von jenen im traditionellen jahrgangsspezifischen Unterricht. Dies bedeutet nicht, daß die Schülerleistungen schlechter werden. Es gibt weder Vor- noch Nachteile. Die Untersuchungsergebnisse sind inkonsistent; manche Untersuchungen weisen auf negative, manche auf positive, manche auf keine Effekte hin.

4. **Individually Guided Education – IGE**
   Dieser spezielle Typ eines individualisierten jahrgangsübergreifenden Unterrichts bezeichnet ein Modellprogramm; er unterscheidet sich von dem vorherigen Typ dadurch, daß die Organisationsstruktur von Schule und Unterricht insgesamt reformiert wird und nicht nur die Jahrgangsstruktur. Auch hier zeigen sich im Vergleich zum traditionellen Jahrgangsunterricht praktisch keine bzw. nur äußerst geringe Vorteile im Hinblick auf die Schülerleistungen.

GUTIÉRREZ und SLAVIN (1992, S. 368) ziehen aus ihren Ergebnissen den Schluß, daß jahrgangsübergreifender Unterricht im Hinblick auf die fachlichen Schulleistungen dort erfolgreich ist, wo er zur flexiblen und fächerspezifischen Bildung von leistungshomogenen Gruppen führt, nicht aber dort, wo er einen Rahmen für die Individualisierung der Lernprozesse darstellt.

Zu einer insgesamt noch kritischeren Beurteilung des altersgemischten Lernens kommt SUNDELL (1994). SUNDELL betrachtet neuere schwedische Untersuchungen zum altersgemischten Lernen im Primarbereich. In fünf Untersuchungen wurden die Schulleistungen in der Regel von Drittkläßlern in Fach Mathematik in altersgemischten und altershomogenen Klassen verglichen. In einer Studie zeigen sich keine Unterschiede, in den vier anderen Nachteile eines altersgemischten Unterrichts, der auf die Heterogenität der Lerngruppen setzt. Ein jahrgangskombinierter Unterricht in der Art eines Abteilungsunterrichts – in dem zwar verschiedene Jahrgänge in einer Klasse unterrichtet werden, der Lehrer sich aber abwechselnd den Gruppen zuwendet und zwischen den Gruppen so etwas wie «unsichtbare Wände» bestehen – war hier aber genau so erfolgreich wie der jahrgangsspezifische

Unterricht. In zwei Untersuchungen wurden die Auswirkungen auf den sozialen Bereich analysiert; als Kriterien wurden Selbstvertrauen und Tyrannisieren von Mitschülern herangezogen. In beiden Untersuchungen zeigen sich keine Unterschiede zwischen altersgemischten und altershomogenen Klassen. SUNDELL schließt aus diesen Ergebnissen, daß eine größere Altersspanne in einer Klasse nicht förderlich für die Schulleistung der Kinder und für ihre sozial-emotionale Entwicklung ist.

Das Bild über die Auswirkungen eines altersgemischten Unterrichts wird abgerundet durch einen Forschungsüberblick von VEENMAN (1995). VEENMAN hat systematisch 56 Untersuchungen aus den verschiedensten Ländern der Welt analysiert.

Die Mehrheit der Untersuchungen bezieht sich auf die Klassenstufen 1 bis 6. Die Auswahlkriterien für die Berücksichtigung einer Untersuchung waren u. a.:

- Es wurden nur Untersuchungen ausgewählt, die altersgemischte Klassen (Experimentalgruppe) mit altershomogenen Klassen (Kontrollgruppe) verglichen.
- Zur Evaluation der Effekte mußten objektive Meßverfahren benutzt worden sein.
- Experimental- und Kontrollgruppe mußten im Hinblick auf ihre Ausgangslagen vergleichbar sein.
- Die Schüler mußten mindestens ein Jahr den altersgemischten Unterricht erfahren haben.
- Die Untersuchungen mußten sich auf reguläre Schüler in regulären Klassen beziehen.

Dabei wurden zwei Typen von jahrgangsübergreifenden Klassen unterschieden:

1. *Multigrade classes* oder – übersetzt – jahrgangskombinierte Klassen: Darunter fallen Klassen, in denen Schüler aus zwei oder mehr Jahrgangsstufen von einem Lehrer in einem Raum gleichzeitig unterrichtet werden. Die Gründe für die Bildung solcher Klassen sind vorwiegend verwaltungsmäßige und ökonomische, z. B. sinkende Schülerzahlen in ländlichen Gebieten. Soweit aus den Untersuchungen bekannt, fand der Unterricht überwiegend in der Form von Abteilungsunterricht statt.

2. *Multi-age classes* oder altersgemischte Klassen: VEENMAN benutzt diesen Begriff, um Gruppierungen zu bezeichnen, bei denen Kinder verschiedenen Alters und verschiedener Jahrgangsstufen absichtlich gemischt wer-

den, da man sich davon pädagogische Vorteile verspricht. Ein besonderes Kennzeichen ist, daß in diesen Klassen sehr viel Wert auf Individualisierung gelegt wird. Insofern entspricht diese Kategorie weitgehend der des jahrgangsübergreifenden individualisierten Unterrichts bei GUTIÉRREZ und SLAVIN (1992) und dem bei uns gegenwärtig diskutierten Konzept des altersgemischten Lernens.

Die Hauptergebnisse des Forschungsüberblicks sind:

1. Die Schulleistungen in den jahrgangskombinierten Klassen unterscheiden sich nicht von den Leistungen von Schülern aus traditionellen Jahrgangsklassen. Keine konsistenten Effekte zeigen sich im nicht-kognitiven Bereich (Motivation, Selbstkonzept, Einstellungen gegenüber der Schule sowie persönliche und soziale Anpassung), bestenfalls ergibt sich eine sehr niedrige Tendenz zugunsten der Schüler in jahrgangskombinierten Klassen.
2. Ebenfalls keine Unterschiede finden sich beim Vergleich der Schulleistungen von Schülern aus altersgemischten Klassen im Vergleich zu jenen aus traditionellen Jahrgangsklassen. Im Hinblick auf den nichtkognitiven Bereich zeigt sich eine sehr niedrige Tendenz wie bei den jahrgangskombinierten Klassen zugunsten der altersgemischten Klassen.

Das Gesamtfazit von VEENMAN (1995, S. 367) klingt sehr einfach: Eltern, Lehrkräfte und Schulverwaltung brauchen sich nicht über die schulleistungsbezogene oder sozial-emotionale Entwicklung von Schülern in jahrgangskombinierten und altersgemischten Klassen zu sorgen. Letztlich sind diese Klassen – trotz der sehr leichten Vorteile im sozial-emotionalen Bereich – gemessen an den beschriebenen Kriterien einfach nicht besser und nicht schlechter als traditionelle Jahrgangsklassen.

Was können wir aus diesem Fundus von empirischen Untersuchungen lernen?

Gemessen an den weitreichenden Erwartungen, wie sie z. B. in der deutschen Diskussion zu finden sind, wirken die Forschungsergebnisse zunächst einmal ernüchternd – sowohl was die Auswirkungen überhaupt als auch was die Stärke der Auswirkungen betrifft. Wenn wir die Begrifflichkeit von VEENMAN (1995) beibehalten, nach der die Bezeichnung «jahrgangskombinierte Klasse» eher die traditionelle, aus der Not sinkender Schülerzahlen und speziell auf dem Land entstandene Zusammenlegung von zwei oder mehr Jahrgängen meint, während der Begriff «altersgemischte Klasse» sich auf die aus pädagogischen Gründen erfolgende Bildung heterogener Klassen bezieht, so gilt für beide Formen in der Zusammenschau der verschiedenen Untersuchungen das gleiche:

1. Im Hinblick auf die **Schulleistungen** im engeren – eine wichtige Meßlatte zur Beurteilung von Schule und Unterricht – zeigen sich sehr niedrige negative bis keine Effekte im Vergleich zu jahrgangsspezifischem Unterricht. Jahrgangskombinierte oder altersgemischte Klassen haben hier weder Vor- noch Nachteile gegenüber üblichen Jahrgangsklassen.
2. Im Hinblick auf die **sozial-emotionalen Auswirkungen** sind die erhofften positiven Effekte auch nicht gesichert (vgl. SUNDELL 1994). Es zeigen sich keine bis sehr niedrige positive Effekte für jahrgangskombinierte und altersgemischte Klassen im Vergleich zu üblichen Jahrgangsklassen.

Wie lassen sich diese niedrigen bzw. nicht vorhandenen Effekte erklären?

Im Hinblick auf die Schulleistungen bieten GUTIÉRREZ und SLAVIN (1992, S. 368f.), SUNDELL (1994, S. 388f) sowie VEENMAN (1995, S. 370f.) eine Erklärung an, die auf Schwächen eines individualisierten Unterrichts verweist und somit speziell für das Konzept der altersgemischten Klassen zutrifft, bei dem Individualisierung eine große Rolle spielt. Individualisierter Unterricht ist danach nicht effektiver als traditioneller Unterricht; er erhöht das Ausmaß an Stillarbeit und Arbeit mit verschiedenen, speziell schriftlichen Materialien und reduziert das Ausmaß der direkten Lehrerzuwendung, ohne daß zugleich die erhoffte optimale Anpassung an die individuellen Voraussetzungen der Schüler erfolgt. Eine Vielzahl von Untersuchungen hat konsistent aufgezeigt, daß schulisches Lernen durch direktes Unterrichten durch den Lehrer gefördert wird, im Gegensatz zu einer Betonung von Individualisierung, individualisierter Stillarbeit und Arbeit mit schriftlichen Materialien (vgl. CREEMERS 1994, S. 73ff.; BROPHY/GOOD 1986). GUTIÉRREZ und SLAVIN (1992, S. 368f.) erklären damit auch die Vorteile des beschriebenen Konzepts eines jahrgangsübergreifenden Unterrichts in nur einem oder mehreren Fächern. Durch die jahrgangsübergreifende Struktur können größere, in sich relativ leistungshomogene Gruppen gebildet werden. Diesen homogenisierten Gruppen kann sich der Lehrer direkt zuwenden, ohne daß durch innere Differenzierung weitere Subgruppen gebildet werden müssen, die eine Aufteilung der Lehrerzuwendung verlangen.

Bildung von homogenen Lerngruppen und direktes Unterrichten (direct instruction) sind Konzepte, deren Wirksamkeit auf Schulleistungen im engeren zwar durch eine Vielzahl von Forschungsergebnissen gestützt wird, die sich aber dennoch mit den gegenwärtig bei uns vorherrschenden Vorstellungen darüber, wie Grundschulunterricht – teilweise auch Schulunterricht überhaupt – aussehen sollte, beißen. Eine fundamentalistische Ablehnung dieser Konzepte scheint aber nicht angeraten; wir müssen uns nur darüber klar sein, für welches Lernen sie effektiv sind. CREEMERS (1994, S. 86) weist darauf hin, daß direktes Unterrichten in strukturierten Unterrichtsfächern wie z. B. Mathematik angemessen ist, wo der Unterrichtsgegenstand in kleine aufeinander aufbauende Elemente aufgeteilt werden kann. Es gibt aber noch andere Lerngegenstände und Ziele in der Schule, sowohl im kognitiven Bereich als auch im sozial-emotionalen Bereich, zu denen direktes Unterrichten zwar beitragen kann – z. B. im Hinblick auf den Aufbau von Lernstrategien –, für die aber auch andere Vorgehensweisen notwendig sind.

Bedeutet dies nun, daß das Konzept der altersgemischten Klassen eine unangemessene Reformidee ist?

Eine solche Schlußfolgerung scheint verfrüht. Die dargestellen Untersuchungsergebnisse sollten uns vor übertriebenen und unangemessenen Erwartungen warnen, die dann – wenn sie nicht eintreten – für eine Reform lähmend sein können. Zudem können – trotz aller Ähnlichkeiten in der Diskussion um altersgemischtes Lernen in anderen Ländern und bei uns – die dort gefundenen Ergebnisse nicht direkt auf unsere Situation übertragen werden. Allerdings dürfen wir diese Forschungsergebnisse auch nicht ignorieren und müssen ihre kritischen Hinweise berücksichtigen. Die simple Behauptung positiver Effekte von altersgemischten Klassen alleine legitimiert noch keine Reform. HAGSTEDT (1994) merkt zurecht an, daß es sich bei altersgemischtem Lernen nicht um einen Selbstläufer, sondern um ein anspruchsvolles Konzept handelt, das differenzierter Aufbauüberlegungen bedarf. Dazu benötigen wir aber in der Bundesrepublik eigene **empirische Untersuchungen**, in denen kontrolliert die Auswirkungen von altersgemischten und altershomogenen Klassen auf das kognitive und soziale Lernen der Schüler verglichen werden. Vor allem werden Untersuchungen benötigt, in denen die im Hinblick auf die gewünschten Auswirkungen bedeutsamen Aspekte altersgemischten Lernens auf eine forschungsmethodisch abgesicherte Weise identifiziert werden.

1 Bei diesem Beitrag handelt es sich um eine stark gekürzte Version der am 6. Mai 1996 an der Universität Lüneburg gehaltenen Antrittsvorlesung mit dem Thema «Altersgemischte Klassen in der Schule – eine erfolgversprechende Reforminitiative?»

Literatur

BROPHY, J./GOOD, T.L.: Teacher behavior and student achievement. In: WITTROCK, M.C. (Ed.): Handbook of research on teaching. 3rd edition. New York: Macmillan 1986, S. 328-375

CREEMERS, B.P.M.: The effective classroom. New York: Cassell 1994

FIPPINGER, F.: Empirische Untersuchung zur Leistung von Schülern aus voll und wenig gegliederten Schulen. In: Schule und Psychologie 14 (1967), S. 97-103

FURCH-KRAFFT, E.: Schulische Organisation im Primarbereich und Leistungsverhalten. Ein Vergleich der Schulleistungen von Schülern aus voll und wenig gegliederten Grundschulen. In: Zeitschrift für Empirische Pädagogik 3 (1979), S. 297-308

GUTIÉRREZ, R./SLAVIN, R.E.: Achievement effects of the nongraded elementary school: A best evidence synthesis. In: Review of Educational Research 62 (1992), S. 333-376

HAGSTEDT, H.: Kinder mit Lehrfunktionen. In: Die Grundschulzeitschrift 9 (1995), H. 84, S. 16-19

HEUSS, G.E.: Jahrgangskombinierte Klassen in der empirischen Forschung. In: Grundschule 21 (1989), 7/8, S. 70-72

KATZ, L.G./EVANGELOU, D./HARTMANN, J.A.: The case for mixed-age grouping in early childhood education progams. University of Illinois at Urbana-Champaign 1989. (ERIC ED 308 991)

KNÖRZER, W.: Kombinierte Klassen – mehr als eine Notlösung. Ergebnisse eines Forschungsprojekts. In: Pädagogische Welt 38 (1984), S. 144-151

KNÖRZER, W. (Hrsg.): Sind Schüler in kombinierten Grundschulklassen benachteiligt? Eine empirische Untersuchung. Baltmannsweiler: Pädagogischer Verlag Burgbücherei Schneider 1985

LAGING, R.: Altersgemischtes Lernen. In: Die Grundschulzeitschrift 9 (1995), H. 84, S. 6-13

PRATT, D.: Age segregation in schools. Paper presented at the Annual Meeting of the American Educational Reseach Association, Montreal 1983. (ERIC ED 231 038)

SUNDELL, K.: Mixed-age groups in Swedish nursery and compulsory schools. In: School Effectiveness and School Improvement 5 (1994), S. 379-393

VEENMAN, S.: Cognitive and noncognitive effects of multigrade and multi-age classes. A best-evidence synthesis. In: Review of Educational Research 65 (1995), S. 319-381

Ergebnis einer Befragung von Schulleiter/innen vom Aufsichtsbezirk Duisburg durch Albert Noll:

Frage: *Wird an Ihrer Schule jahrgangsübergreifendes Arbeiten praktiziert?*

12 von 16 Schulleitern/Schulleiterinnen bejahten die Frage; an 3 von 4 Grundschulen des SAB I findet demnach jahrgangsübergreifendes Arbeiten statt.

Folgende Formen wurden genannt:
... Arbeitsgemeinschaften ... Projekttage ... Projektwochen ... SKG/1. Klassen (punktuell z. B. Sport) ... Förderunterricht für Ausländerkinder ... Fördermaßnahmen (z. B. LRS, Sport) ... Schullandheimfahrten ... MEU ... Elternarbeit (z. B. Schulzeitung) ... nachmittägliches Silentium.

II.
Ansätze für jahrgangs-übergreifendes Lernen

Angelika Gottschalk

Lernen in jahrgangs-übergreifenden Projekten

Die Grundschule Morsum ist eine kleine Grundschule in der östlichen Gemeinde der Insel Sylt. Die Klassen 1 bis 4 sind in zwei Stammgruppen gegliedert, die die Klassenstufen 1/2 und 3/4 zusammenfassen. Dieses ist zwar – pragmatisch gesehen – wegen der schlechten Versorgung mit Lehrerstunden notwendig, kennzeichnet aber auch das pädagogische Profil der Schule, das von reformpädagogischen Ideen geprägt ist und das ganzheitliche Lernen der Schüler/innen in den Vordergrund stellt.

Alle Kinder sind täglich von 8.00 bis 13.00 in der Schule. Der Vormittag ist durch Gleitzeit, Freiarbeitsphasen und gebundenen Unterricht gekennzeichnet. Die musischen Fächer werden durch einen entsprechend hohen Stundenanteil betont. Auch im normalen Schulalltag spielt die Schwerpunktbildung im fächerübergreifenden Unterricht eine Rolle, wobei besonders die individuelle Lernausgangslage, die Selbsttätigkeit des Kindes und die Entwicklung von Kreativität im Vordergrund steht.

Zur Organisation unserer Projekte

Zweimal im Jahr jedoch beschäftigt sich die gesamte Schule über einen Zeitraum von vier bis sieben Wochen in einer Projektzeit mit *einem* Thema. In der Gliederung des Schuljahres haben sich dabei die Zeiträume *Februar/März* und *November/Dezember* als sinnvoll erwiesen. Im Frühjahr steht nach den Zeugnissen bis zu den Osterferien ein relativ langer Zeitraum zur Verfügung, in November/Dezember ist die Stimmung in der Schule und auch in den Elternhäusern von der Vorbereitungszeit des Weihnachtsfestes gekennzeichnet. Auch sind beide Zeiträume im Ablauf eines Jahres dazu geeignet, die Arbeit im Schulgebäude und im Haus zu betonen. Die Kinder und auch die Familien sind unserer Erfahrung nach eher motiviert, auch die Nachmittage in der Schule oder bei häuslichen Vorbereitungen (Kostüme etc.) zu verbringen als in den Zeiten, in denen man sich gern im Freien aufhält und das Freizeitangebot dadurch attraktiver ist. Auch sind die anderen Zeiten im Schuljahr häufig von Feiertagen, Ferien und Schulanfang unterbrochen und erschweren so die kontinuierliche Beschäftigung mit einem Thema über einen gebundenen Zeitraum.

Bei der Auswahl eines Projektthemas sollten alle Kolleg/inn/en einer Schule beteiligt sein. Genauso wichtig ist es aber auch, die Schüler/innen in adäquater Weise mit einzubeziehen. Hierzu gehört, daß man im täglichen Zusammensein mit den Kindern Augen und Ohren offen hält für aktuelle Trends und Vorlieben der Schüler/innen. Diese ändern sich nämlich recht schnell und werden durch die Schnellebigkeit unserer Gesellschaft beeinflußt. Sind es eben noch Dinosaurier, die das Interesse wecken, können es im nächsten Moment schon Wale und Delphine sein. Man sollte auch trotz des Bemühens um Beteiligung der Schüler/innen nicht spontan jedes Thema aufgreifen, das von den Kindern kommt. Für das Gelingen eines Projektes sollten bestimmte Kriterien erfüllt sein, die im weiteren noch erläutert werden. An der GS Morsum hat es sich eingebürgert, im Kollegium ein Thema vorzubereiten, dieses wird dann dem Schülerparlament (je einen gewählter Vertreter pro Klassenstufe) unterbreitet. Nach der Zustimmung oder Veränderung des Themas werden alle Kinder an der Konkretisierung der Projektaspekte beteiligt.

Folgende Bedingungen sollte ein Projektthema erfüllen, um ein Gelingen zu gewährleisten:
Das Thema muß

- so umfangreich sein, daß es über einen längeren Zeitraum bearbeitet werden kann, ohne langweilig oder künstlich erweitert zu werden.
- von Kindern aller Altersstufen einer Grundschule adäquat bearbeitet werden können.
- für Kinder unterschiedlichster Begabungen und dem damit verbundenen individuellen Leistungsvermögen attraktiv sein.
- möglichst alle Unterrichtsfächer mit einbeziehen, wobei eine jeweilige Schwerpunktsetzung natürlich möglich ist.
- sich für eine Präsentation der Arbeitsergebnisse in der Öffentlichkeit eignen, da dies einen unverzichtbaren Lernprozeß beinhaltet.
- auch bei den Kolleg/inn/en auf Begeisterung stoßen – wichtig! – und möglichst mit deren Vorkenntnissen oder Neigungen korrespondieren.

Zu fast allen unseren Projekten gehören das Schreiben, Setzen, Drucken und Illustrieren eines Buches. Diese werden in verschiedenen Auflagen von bis zu 100 Exemplaren erstellt. Das Setzen und Drucken erfolgt mit einer Freinet-Druckerei. Dabei stehen den unterschiedlichen Altersstufen und Begabungen verschiedene Schrifttypen zur Verfügung. Bei dieser Arbeit kann das pädagogische Prinzip des altersstufenübergreifenden Arbeitens hervorragend eingeübt werden. Durch Bildung von altersdifferenzierten Paaren werden die «Kleinen» an das komplizierte Verfahren herangeführt, und die «Großen» lernen, ohne den moralischen Zeigefinger zu helfen, zu erklären und sich in Verständnis und Toleranz zu üben, unverzichtbare Fähigkeiten für ein harmonisches Zusammenleben in jeglicher Gemeinschaft. In diesem Arbeitsprozeß, der sich natürlich über einen längeren Zeitraum erstreckt, kann man nun wunderbar die anderen Projektaspekte integrieren.

In der Präsentationswoche zum Abschluß einer Projektzeit bildet die Vorstellung des Buches mit einer Autorenlesung und dem Verkauf des Buches immer einen der Schwerpunkte. An anderen Tagen werden die anderen Arbeitsergebnisse vorgestellt, Aufführungen und Ausstellungen präsentiert. Wichtig in dieser Woche ist, daß auch immer ein bis zwei Veranstaltungen geplant werden, in denen die Kinder entspannen und sich von der geleisteten Arbeit ausruhen können. Für die Vorbereitung dieser Veranstaltungen sollten am besten die Eltern oder zumindest Erwachsene verantwortlich sein. Wir haben nämlich erfahren müssen, daß Eltern sehr schnell in das Konsumverhalten verfallen, welches wir gerade bei den Kindern erfolgreich zu vermeiden suchten. Auch ist eine Projektzeit harte Arbeit und erfordert ein hohes Maß an Disziplin und Leistungsbereitschaft von jedem Kind. Da ist es nur legitim, sich einmal verwöhnen zu lassen und sich auf seinen «Lorbeeren» auszuruhen. Zwei Beispiele mögen unsere Arbeit verdeutlichen.

Projekt: «Wir haben den Durchblick – Freies Lernen in Projekten»

Dieses Projekt beschäftigte sich mit Zukunftsperspektiven und stellte diesen die gegenwärtige Lebenssituation der Schüler gegenüber. Dabei lag der Schwerpunkt in der vielfältigen Auseinandersetzung mit der eigenen Persönlichkeit, dem Körper und deren Möglichkeiten.

Das Thema des Buches hieß in diesem Jahr «*Wir reisen mit der Zeitmaschine*» und tat die Visionen der Kinder zu vielfältigen Aspekten des menschlichen Lebens kund. Die Persönlichkeit und der Körper des einzelnen Kindes wurde in Selbsttätigkeit verfremdet, geschmückt und strapaziert. Im einzelnen sah das so aus:

Die Kinder fertigten Gipsmasken von ihren Gesichtern an, bemalten und dekorierten diese mit den für sie nach ihrer Meinung typischen Merkmalen.

Das Zukunftsthema wurde in der Seidenmalerei wieder aufgegriffen. Die Kinder stellten für sich Nickytücher aus Seide her mit futuristischen Motiven; Marsmännchen und abenteuerliche Zukunftsmaschinen sollen als Beispiel genannt werden.

Über die gesamte Projektzeit wurde für eine Schülerolympiade trainiert. Dazu stellte sich jedes Kind im Laufe der Zeit seine «Kür» zusammen. Die Schülerolympiade fand dann vor Publikum und mit allen Ritualen wie z. B. Fanfaren und Medaillenverleihung statt.

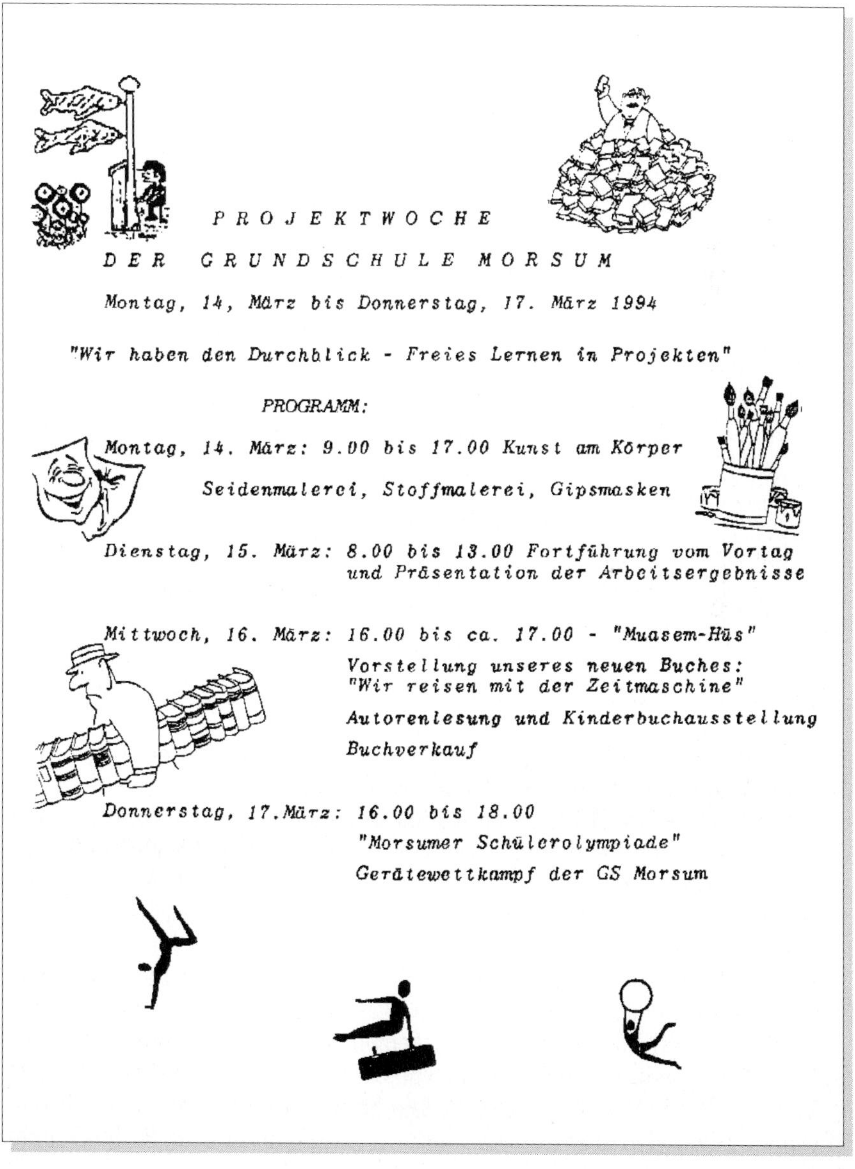

P R O J E K T W O C H E

D E R G R U N D S C H U L E M O R S U M

Montag, 14, März bis Donnerstag, 17. März 1994

"Wir haben den Durchblick - Freies Lernen in Projekten"

PROGRAMM:

Montag, 14. März: 9.00 bis 17.00 Kunst am Körper
Seidenmalerei, Stoffmalerei, Gipsmasken

Dienstag, 15. März: 8.00 bis 13.00 Fortführung vom Vortag und Präsentation der Arbeitsergebnisse

Mittwoch, 16. März: 16.00 bis ca. 17.00 - "Muasem-Hüs"
Vorstellung unseres neuen Buches:
"Wir reisen mit der Zeitmaschine"
Autorenlesung und Kinderbuchausstellung
Buchverkauf

Donnerstag, 17.März: 16.00 bis 18.00
"Morsumer Schülerolympiade"
Gerätewettkampf der GS Morsum

Besonders stolz sind wir auch auf das Echo in der Presse.

Reise mit der Zeitmaschine

Morsumer Schüler präsentierten ihr neues Buch

MORSUM (ich). Autoren-Lesungen kennt man sonst nur von halbwegs gestandenen Literaten. In Morsum jedoch präsentieren auch junge Nachwuchs-Talente ihre Werke, so geschehen innerhalb der Projektwoche der Grundschule, die unter dem Gesamtmotto „Wir haben den Durchblick - Freies Lernen in Projekten" stand.

Am vorletzten Tag ihrer action-Woche luden die 35 Schülerinnen und Schüler von Klasse eins bis vier ins „Muasem Hüs" ein, um ihr eigenhändig erarbeitetes neues Buch „Wir reisen mit der Zeitmaschine" Eltern und Großeltern vorzustellen.

Bevor jeder Verfasser seine Geschichte in dem 38seitigen selbstgedruckten Werk höchstpersönlich vorlas, erinnerte Schulleiterin Angelika Gottschalk während der Begrüßung daran, wie ermüdend es doch für jeden einzelnen war, seine Story fünfzigmal per Hand zu drucken. Wer wollte, konnte ein Exemplar aus dieser 50er Auflage erwerben; zum Verkauf stand desweiteren eine Auswahl an Kinderbüchern.

„Die Projektwochen sind unsere Art, nach draußen zu treten", erläuterte die Lehrerin und zeigte sich „unheimlich erschrocken über die Perspektiven" der Kurzgeschichten. Denn der Tenor der Stories mutete wenig optimistisch an. Etwa so: „Noch ist es Zeit, laßt uns eine bessere Zukunft anpacken".

So meinte denn etwa ein kleiner Morsumer, zukünftig würden wir rund um die Uhr von den Medien berieselt. Die Zeitung der Zukunft sollte aus eßbarem Papier hergestellt werden, damit auf diese Weise die Wälder geschont würden.

Eine Mitschülerin mutmaßte, die Schule der Zukunft komme ohne Lehrer aus; stattdessen versehen Techniker deren Arbeit. Die Palette der 35 Elaborate umfaßte viele Themen, vom Müll, über das Auto, die Städte der Zukunft bis hin zu dem umwerfenden Gedanken: „Kann der Storch noch Babies bringen?"

Anzumerken war den Kindern und ihren drei Lehrerinnen, daß ihnen die Projektwoche — wie schon in der Vergangenheit — sehr viel Spaß gemacht hat. Im übrigen war die Woche angefüllt mit einer Fülle von Aktivitäten; dabei standen Seiden- und Stoffmalerei ebenso auf dem Programm wie Gipsmasken und die abschließende „Morsumer Schülerolympiade".

Projekt: «Mit Linse und Letter ... learning is better!»

In der Vorbereitung der diesjährigen Projektwoche der Grundschule Morsum, die unter dem Oberthema *«Medien verschiedenster Art»* steht, zeigte sich, daß auch schon Kinder ein großes Interesse dafür aufbringen. Diese Tatsache wird in der Regel beklagt und häufig für Fehlverhalten von Kindern und Jugendlichen verantwortlich gemacht. In der Grundschule Morsum geht es allerdings nicht um den Konsum von Medienproduktion, sondern um den schöpferischen Umgang mit Medien.

Seit vier Jahren schreiben die Schüler der GS Morsum einmal jährlich ein Buch, an dem jedes Kind – auch die Erstkläßler – mit einem Beitrag beteiligt ist. Die Kinder schreiben nicht nur, sie setzen, drucken und binden das Buch auch; in diesem Jahr in einer Auflage von 50 Exemplaren. Die Drucktechnik ist dabei traditionell, im Guttenbergschen Sinne. Erstmalig wurde in diesem Jahr unser Buch «Dichten ist doch kinderleicht – Wundervolle Reime – nicht nur für Kleine» mit Hilfe eines Limographen, einer Art Siebdruck-Verfahren, also ebenfalls einer traditionellen Drucktechnik illustriert. Neben diesen althergebrachten Verfahren haben wir diesmal mit Fotoapparaten und einer Video-Kamera gearbeitet.

Das Foto-Projekt wurde so angegangen: Zunächst ging es auf die Suche nach einem geeigneten Thema. Dies war schnell gefunden, ein Thema, das alle Kinder immer wieder sehr interessiert: «Mein Sylt», wie sieht es aus? Im Plenum wurden verschiedene Schwerpunkte des Themas herausgearbeitet. So waren die Kinder der Meinung, daß unverkennbar die Friesenhäuser und Sylter Bräuche, wie zu dieser Zeit das Biike-Brennen, Vögel, die unsere Meeres- und Wattlandschaft bevölkern, und die vielen Tiere, die auf Wiesen und Weiden und Bauernhöfen noch zu finden sind; aber auch Züge, Auto-Züge, für unsere Insel typisch sind.

Nun bildeten sich Gruppen, die sich auf Motivsuche begaben. Das schöne Wetter im Februar begünstigte unser Projekt! So wurde eifrig fotografiert, die Bilder wurden entwickelt und abgezogen. Einzelne Motive wurden dann für die Vergrößerung ausgewählt. Jetzt wurde die Vorstellung vorbereitet.

Die Kinder arbeiteten dazu kleine Referate aus und suchten nach geeigneten Bildunterschriften. Jede einzelne Gruppe machte sich dann an die Erstellung ihrer Fotowände. Zur Bereicherung dieser Foto-Ausstellung wurden noch Auszüge aus dem selbstgedruckten Buch 1992 hinzugenommen, welches das Thema «Welt und Umwelt auf Sylt» hatte.

Es stellte sich heraus, daß noch viele Fotos übrig waren, die nicht an die Stellwände paßten. Schnell war eine neue Idee geboren. Wir machen Briefkarten, mit echten Fotos und Sylt-Motiven! Wir kaufen schöne Umschläge dazu und versuchen diese zu verkaufen. Dies war eine sehr gute Idee, weil unser Foto-Projekt doch sehr viel Geld verschlungen hat. Vielleicht können wir so einige Kosten damit abdecken.

Außerdem hat während der letzten vier Wochen ein Video-Team die Erstellung unseres neuen Buches mit der Video-Kamera begleitet. Aus dem Rohmaterial ist ein Film geworden: «Ein Buch entsteht», fachmännisch von den Beteiligten kommentiert.

In einem mehrwöchigen Projekt im Rahmen des Musik-Unterrichts haben Schüler den Trick-Film «Eskalation» vertont. Das Ergebnis spricht für sich! Dokumentationen aus der Arbeit des letzten Jahres sind die Video-Filme «Zirkus Mandelhörnchen – Ein Projekt macht Filmgeschichte» und «Forellenhof – eine Schulreise ohne Forellen». Diese Filme haben Kolleginnen der GS Morsum und engagierte Helfer erstellt.

Und – last but not least – Schulpullis, mit dem von einem Schüler entworfenen Motiv tragen schon alle Schüler/innen und Kolleginnen der GS Morsum. Nun wird jeder «sein» Schul-T-Shirt mit den verschiedensten Stoffdrucktechniken gestalten. Auch diese Produkte werden die Vielfältigkeit von

Persönlichkeiten und Ideen an der GS Morsum dokumentieren, dessen sind wir sicher!

T-Shirts mit Profil für Kinder mit Profil ... !

Jürgen Eilers

Jahrgangsübergreifendes Arbeiten in der schuleigenen Lernwerkstatt

Die Sonnenblumenschule in Langen bei Frankfurt gehört zu den fünf hessischen Modellversuchsschulen, die eine Neukonzeption des Schulanfangs erproben. Kerngedanke des Versuchs ist es, alle Kinder am Schulanfang aufzunehmen , ohne die Feststellung einer «Schulfähigkeit». Eine wie auch immer geartete Aussonderung von Schulanfängern (Vorklasse, Zurückstellung) findet nicht statt. Im Rahmen der ersten beiden Schuljahre sollen die Kinder u. a. durch die Mitarbeit einer Sozialpädagogin so gefördert werden, daß sich «Schulfähigkeit» im je individuellen Rahmen entwickelt. Wenn Lernen als ein individueller Prozeß verstanden wird, muß differenziert gearbeitet werden; deshalb verbietet sich gleichschrittiges Voranschreiten. Damit verliert die Jahrgangsklasse an Bedeutung. Andere Gruppenbildungen sind für das Arbeiten und Lernen förderlicher, so z. B. das Lernen und Leben in jahrgangsübergreifenden Gruppen. Ferner ermöglichen jahrgangsübergreifende Gruppenbildungen eine individuelle Verweildauer je nach Lernfortschritt; eine Verweildauer über zwei Jahre hinaus wird in jahrgangsübergreifenden Gruppen «aufgefangen» und von den Kindern nicht als individuelles Versagen erlebt.

An der Sonnenblumenschule gibt es verschiedene Formen jahrgangsübergreifender Gruppenbildungen:

- das Zusammensein und Zusammenarbeiten von je einer Klasse des ersten und zweiten Schuljahres (Partnerklassen)
- die gemeinsame Zeit vor und nach dem Unterricht im Rahmen der Grundschule mit festen Öffnungszeiten (Ganze Halbtagsschule von 7.30 Uhr bis 13.00 Uhr)
- der Besuch der täglich geöffneten schuleigenen Lernwerkstatt durch Kinder aller Klassen
- die Begegnung in Arbeitsgemeinschaften (Schulgarten, gemeinsames Musizieren, Tanz, Malkurse, Schach-AG)
- der für alle und von allen Klassen gestaltete Wochenschluß (freitags 11.30 Uhr bis 12.15 Uhr)

- fördernde Betreuung durch die Sozialpädagogin in Kleingruppen, unabhängig von der Lerngruppe nach Gesichtspunkten gleichen Förderbedarfs
- die tägliche Lesezeit mit «Lesemüttern» in Kleingruppen, ebenfalls unabhängig von der Lerngruppe.

Die schuleigene Lernwerkstatt

Als ein Beispiel jahrgangsübergreifenden Arbeitens und Lernens wird hier die schuleigene Werkstatt beschrieben. Wenn es richtig ist, daß tiefgreifende Veränderungen der Lebensbedingungen in den letzten Jahrzehnten zu erheblichen Veränderungen bei der heranwachsenden Kindergeneration geführt haben – so z. B. bezogen auf das Vorhandensein von weniger freien Räumen zum Spielen und Entdecken und das organisierte Leben aus zweiter Hand (Medien) – dann muß Schule verstärkt Raum und Zeit für spontanes, selbstgeplantes Arbeiten, für eigenes Entdecken und Eigentätigkeit in einem erfahrungsoffenen Unterricht geben. Kinder können dort Fragende, Forschende, Entdeckende sein – Erwachsene Anreger und Berater. Lernen wird dort gefördert, wo das Kind selbst erfährt, daß es betroffen ist, daß die eigene Lebens- und Erfahrungswelt Gegenstand seines Forschens, Entdeckens, Lernens wird.

Jeder Klassenraum sollte eine Lernwerkstatt sein mit verschiedenen Aktivitätszonen (Lese- und Bauecke, Regale mit Materialien für das Schreiben/Lesen, Rechnen, Basteln u. a.). Werkstatt für eigenes Arbeiten wird er aber erst, wenn jeden Tag die entsprechenden Zeiten zur Verfügung stehen (Freie Arbeit, Projektarbeit). Die Anregungen zu einer schuleigenen Lernwerkstatt stammen aus Holland. In den von uns besuchten Grundschulen gab es Dokumentations- oder Informationszentren für Kinder. Dort befanden sich nicht nur Bücher, Lexika, Medien, Druckereien, sondern auch Werkzeuge, Werkstoffe, Karteien, Spiele, Alltagskram wie Steine und Rohmaterialien, natürlich auch Papiere und Farben. Bei Bedarf konnte sich jedes Kind zu jeder Zeit bedienen, nach Materialien und Informationen suchen.

Diese Idee wurde in eine schuleigene Werkstatt übertragen. Welche Materialien regen an zum Probieren, Entdecken, Erforschen? Dabei finden sich nicht nur in den verschlossenen Sammlungsräumen viele Dinge, sondern auch aus Privatbesitz wird Material eingebracht: Globus, Baumscheiben, Versteinerungen, Magnete, selbstgefertigte Materialien zur Sinneswahrnehmung, aber auch Spielpuppen, Geräuschekassetten, Holzreste, Papiere. Ergänzt wird das Material durch Konstruktionsspiele, Fischer-Technik, Computer, Freinet-Druckerei. Aus dem Lehrmitteletat wurden statt der Klassensätze von Lese- und Sprachbüchern Themenkisten angeschafft: Lese- und Bastelmaterial zu Themen wie zum Beispiel Ritter und Burgen,

Tiere, Dinosaurier, Umwelt. Diese zunächst «wilde» Sammlung strukturierte sich nach und nach in Druckecke, Computerecke und Sachunterrichtsecke mit allem Meßbaren sowie mit Materialien zur Sinnesschulung. Es entstanden eine Bastelecke und mehrere aktuelle Angebotstische, z. B. mit neuem Konstruktionsmaterial oder mit Materialien zu einem aktuellen Thema aus dem Umfeld.

Die Sammlungen sollten folgenden Kriterien entsprechen:

- Anregungen geben, neugierig machen, Initiativen herausfordern
- möglichst viele Sinne ansprechen
- Möglichkeiten bieten zum praktischen Handeln
- Entdeckungen zulassen
- informieren.

Natürlich braucht ein solcher Raum ausreichend Arbeitsflächen in Form von Einzel- und Gruppentischen, aber auch Wasseranschluß und Werkbänke.

Zur Arbeit in der Lernwerkstatt

Die Lernwerkstatt ist täglich zur gleichen Zeit geöffnet, möglichst wenn Wochenplanarbeit oder Freie Arbeit stattfinden. Eine erwachsene Bezugsperson ist als Anreger und Berater, auch als «Bewacher» der Sammlung da; es können auch eingearbeitete Eltern sein. In den Klassen wird besprochen, wer

in die Lernwerkstatt gehen darf. Da sie festes Angebot ist, wollen viele Kinder dort arbeiten, nicht nur die, die ihre andere Arbeit erledigt haben! Zwei bis drei Kinder pro Klasse können an einem Tag in die Lernwerkstatt kommen, nicht mehr als insgesamt 12 bis 15 Kinder. Sie kommen mit gezielten Aufgaben, z. B. drucken sie ihren Text, suchen Informationen über Bienen, oder erkundigen sich danach, ob Lupen da sind. Andere Kinder kommen ohne feste Vorstellung von dem, was sie machen wollen. Sie lassen sich durch die Materialien anregen. Manchmal dauert es auch eine längere Zeit, bis sie etwas gefunden haben, das sie interessiert. Da nur wenige Kinder aus einer Klasse kommen, bilden sich fast immer jahrgangsübergreifende Gruppen.

Am Wasserbecken ist eine Dino-Welt entstanden, die von Erst- und Zweitkläßlern gemeinsam genutzt wird. Ein Kind aus dem 2. Schuljahr – Spezialist für Lego-Technik – zeigt einem Drittkläßler, wie eine Lenkung gebaut wird.

In der Freinet-Druckerei arbeiten völlig unabhängig von der Klassenzugehörigkeit Kinder, wobei die, die es schon können, es denen zeigen, die zum ersten Mal kommen. Das gleiche spielt sich am Computer ab. Kinder aus den Partnerklassen treffen sich und beraten, was sie heute tun wollen. «Hast du schon einmal – ?», offensichtlich hat er/sie schon einmal, und so wird eine Erfahrung, eine Technik oder ein Erlebnis weitergegeben. Die erwachsene Bezugsperson ist gleichrangig, sie sucht mit, sie regt auch an – und: Sie achtet darauf, daß alle Materialien wieder dort abgelegt werden, wo sie hingehören. Der Erwachsene spielt eine andere Rolle als im übrigen Unterrichtsgeschehen, zentral ist der Kind-Kind-Kontakt.

Ziele

Und das geschieht in der schuleigenen Lernwerkstatt: Lernen durch Informieren; wechselseitige Anregung; gezielte Helfersituation; neugierig sein auf das, was andere tun; gemeinsam macht das Lernen Spaß; und: «Groß» kann auch von «Klein» lernen.

Heidrun Maaßen

Einmal in der Woche, jeden Dienstag, findet in unserer Schule in der 5. und 6. Stunde jahrgangsübergreifender Unterricht statt. Die ersten und zweiten Klassen gehen um 12.00 Uhr nach Hause. Die dritten und vierten Klassen (insgesamt 6 Klassen) haben sich in «Wunschlisten» eingetragen (mit Erst- und Zweitwunsch), um für 6-8 Wochen an ihrem «Lieblingsunterricht» teilnehmen zu können. (Wichtig ist es, daß bei den Themenangeboten nicht der Name der Lehrerin steht, die den Unterricht erteilt!)

Beispiele für Themen:

- Reise durch Europa
- Tänze und Lieder aus anderen Ländern
- Geometrie
- Werken (mit wechselnden Angeboten)
- Heimische Vögel und Bauen von Nistkästen
- Theaterstücke – schreiben und lesen
- Schnupperkurse in Englisch und Französisch
- Ritter und Burgen in unserer Umgebung.

Die Themen werden von Kindern und Lehrerinnen gemeinsam ausgesucht. Da für die anderen Kinder kein Unterricht mehr stattfindet, können 13 Lehrerinnen die Kinder von 6 Klassen betreuen. Nach Ende eines Durchgangs werden allen Kindern der Schule die Ergebnisse vorgestellt, vorgelesen und vorgespielt. Das macht natürlich viel Spaß und die beteiligten Kinder sind stolz auf ihre Arbeiten.

Im nächsten Durchgang wählen die Kinder neue Themen, so daß alle einmal ihr Lieblingsthema bearbeiten können.

Die Meinung der Schüler zu dieser Art Unterricht: «Schade, daß Schule nicht immer so schön ist!»

Meine Meinung dazu: Da haben sie recht!

Thomas Leeb

Jahrgangsübergreifende Arbeit unter jahrgangsbezogenen Strukturen

Der folgende Beitrag handelt von der Brüder-Grimm-Grundschule im Berliner Bezirk Wedding: Sie ist jahrgangsbezogen eingerichtet und jahrgangsübergreifend ausgerichtet.

Will man die hier im folgenden vorzustellende «normale» Grundschule an der Ecke charakterisieren, so würde sich als Kürzel eignen: Die Brüder-Grimm-Grundschule ist eine spielbetonte integrative Ganze Halbtagsschule mit einer «Insel». Es gibt eine sich im Aufbau befindliche Spielstation, welche in Zusammenarbeit mit dem Ravensburger Spielverlag eine «spielerische» Ausrichtung vieler schulischer Aktivitäten anstrebt. Die Ravensburger AG stattet die Schule mit verschiedenen (Brett-)Spielen und Büchern aus. Die Schule selbst hat sich dem Motto «Spielen mit allen Sinnen» verschrieben. Das Adjektiv «integrativ» weist uns als eine Kiezschule aus, also als eine Schule für *alle* Kinder unseres Einschulungsbereiches, ob sie nun einen besonderen Förderbedarf erkennen lassen oder nicht. Für den Bezirk Wedding setzt die Brüder-Grimm-Grundschule augenblicklich die meisten Integrationsmaßnahmen um. Zwei Klassen nehmen dabei am Landesweiten Schulversuch zur Integration Geistig Behinderter teil. Der Terminus «Ganze Halbtagsschule» weist auf eine verläßliche Grundschule mit festen Öffnungszeiten von 7.00 Uhr bis 16.00 Uhr hin. Nachmittags wird eine sinnvolle Betreuung angeboten, welche mehr als nur Aufbewahrung sein soll. Sie beinhaltet eine bunte Mischung aus freien und gebundenen Aktivitäten. Die freien Phasen können die Schüler und Schülerinnen im Rahmen der Schulgegebenheiten eigenverantwortlich gestalten. Die gebundenen Phasen beinhalten vielfältige Aktivitäten, etwa Sportarbeitsgemeinschaften, eine Joga-AG und diverse andere projektartige Angebote aus dem musisch-ästhetischen Bereich. Das Kürzel «Insel» steht für unsere Schulstation, die Kinder mit besonderen Verhaltensauffälligkeiten betreut. Schüler und Schülerinnen, welche «reif für die Insel» sind, werden dort auf freiwilliger Basis von einer Schulhelferin und gelegentlich auch von einem Lehrer betreut. Das Angebot gilt jedoch nicht nur den besonders auffälligen Schülern. Auch die sogenannten Stillen, die Unauffälligen können hier Aufnahme finden.

Dies zur Organisationsstruktur der Brüder-Grimm-Grundschule. Im folgenden sollen jahrgangsübergreifende Aktionsformen und Aktivitäten aufgezeigt werden. Es soll deutlich werden, daß eine jahrgangsbezogen eingerichtete Schule viele jahrgangsübergreifende Elemente besitzen kann, ja muß.

Jahrgangsübergreifende Elemente einer jahrgangsbezogenen Schule

Viele jahrgangsübergreifende Elemente ergeben sich aus pädagogischer Notwendigkeit angesichts der unterschiedlichen Lern- und Entwicklungspotentiale unserer Schüler. Die Schule mit ca. 720 Schülern und 63 Lehrerinnen und Lehrern liegt in einem Einzugsbereich, welcher relativ viele Problemkreise umfaßt. Durch den steten Zuzug ausländischer Schüler mußte ein Förderkonzept zum Erlernen der deutschen Sprache entwickelt werden. Manche Kinder kommen mit rudimentären, einige ohne jegliche Deutschkenntnisse zu uns. Es liegt auf der Hand, daß diese DFA-Kurse (Deutsch für Ausländer-Kurse) jahrgangsübergreifend, da sprachstandsabhängig, eingerichtet werden müssen. So kann man in bestimmten Stunden bestimmte Kolleginnen und Kollegen mit ausgewählten Kindern durch den Kiez streifen sehen, die den Bäcker besuchen, mit der U-Bahn fahren, Dinge für den täglichen Bedarf einkaufen. Für manche ausländische Familie hat sich diese Methode als ausgesprochen nützlich und lebensnotwendig, da alltagstauglich, erwiesen. Zur selben Zeit sitzt eine andere altersgemischte Gruppe dieser Kinder in einem Gruppenraum und liest ein leicht verständliches Bilderbuch. Wieder andere schreiben schon selbständig an ihrem ersten freien «Aufsatz» in deutscher Sprache. *Jahrgangsübergreifendes Lernen aus pädagogischer Notwendigkeit!*

Ähnlich wird in den beiden Kleinklassen verfahren, in denen sich Kinder mit besonderen Defiziten im Lese- und Rechtschreibbereich befinden. Diese beiden Klassen, je eine auf Stufe 2 und auf Stufe 3, fassen Kinder zusammen, welche altersgemäß auf den Stufen drei bis fünf beschult werden müßten. Durch räumliche und inhaltliche Kooperation der beiden Klassenleiterinnen – beide Klassenzimmer liegen nebeneinander und sind durch eine Flügeltür miteinander verbunden – ist hier im Prinzip ein erweiterter Klassenverband der Stufen drei bis fünf entstanden. Wiederum: *Jahrgangsübergreifendes Lernen aus pädagogischer Notwendigkeit!*

Bei der Anordnung unserer Klassenzimmer auf den einzelnen Fluren verzichten wir bewußt auf eine jahrgangsbezogene Aufteilung. Wir vermeiden also beispielsweise, daß alle 1. Klassen sich im Erdgeschoß, die zweiten und dritten Klassen sich im 1. Obergeschoß und alle anderen Klassen sich in den verbleibenden Stockwerken einrichten. Eine Maßnahme, welche das soziale Klima der Schule außerordentlich positiv beeinflußt hat. Darüberhinaus werden jedem einzelnen unserer Lernanfänger jedes Jahr je ein Pate aus den fünften und sechsten Klassen zugeteilt, die in den ersten Wochen und Monaten für ein geordnetes Einleben in den Schulbetrieb sorgen. Durch gemeinsame Aktivitäten, etwa Ausflüge in den Zoo oder ein Frühstück, lernen sich die Kleinen und die Großen gut kennen. Am Anfang holt jeder Pate sein Patenkind zu den großen Hofpausen ab, begleitet es durch die Pause und bringt seinen Schützling am Ende der Hofpause wieder in seinen Klassenraum zurück. Das Gewaltpotential der Schule hat sich durch diese recht simple Maßnahme nachweisbar und deutlich verringert. *Jahrgangsübergreifende Aktivitäten aus sozialen Notwendigkeiten!*

Im Rahmen der Arbeit in der schuleigenen Bücherei finden regelmäßig Dichterlesungen und Einführungen in den Umgang mit Bibliotheken statt. Meist schließen sich erste und zweite, dritte und vierte sowie fünfte und sechste Klassen zu diesen Aktivitäten zusammen. Auch unsere Vorklassen werden gezielt miteinbezogen. Da die Bücherei räumlich im Bereich unserer Ganzen Halbtagsschule liegt, kommen auch dort die Kinder der Stufen Null bis Zwei regelmäßig vorbei. *Jahrgangsübergreifende Aktivitäten aus inhaltlichen Gesichtspunkten!*

Im eben angesprochenen Schulprojekt zur Ganzen Halbtagsschule, Juniorclub genannt, haben wir bewußt auf die Einteilung in bestimmte Bezugsgruppen verzichtet. Für die im Projekt befindlichen Schüler der Stufe Null bis Zwei (weiter sind wir im Augenblick noch nicht) findet damit naturgemäß ebenfalls eine Altersmischung statt. Dieses bewußte Offenlassen der Gruppierung hat zu Freundschaften und Aktivitätsgemeinschaften über die Stufen hinweg geführt. Gegenseitiges Helfen, etwa bei den Hausaufgaben oder bei sportlichen Übungen, hat sich als Regelfall etabliert und wird von den Schülern als selbstverständlich empfunden. *Jahrgangsübergreifende Aktivitäten aus organisatorischen Überlegungen!*

Im Rahmen des Aufbaues unserer Spielstation haben wir für alle unsere siebenhundert Schüler einen «Spieletag im Freien» veranstaltet. In einem benachbarten Volkspark hatten wir uns zwei große Wiesen reservieren lassen. Die Schüler konnten aus etwa dreißig Angeboten ihre Spiele frei wählen. Vom Fußball und Völkerball über Jonglieren zu Pendelstaffeln, vom Schach und Spielen zur Stille über Fühl- und Riechstationen wurde den Schülern ein reichhaltiges Spielespektrum angeboten – natürlich altersübergreifend. Jonglieren kann man eben mit sieben oder mit zehn Jahren lernen. *Jahrgangsübergreifende Aktivitäten für spielerische Aktivitäten!*

Abschließend sei noch auf die Aktivitäten und Aktionen auf unserer Insel hingewiesen. Auch das «Reifsein für die Insel» ist natürlich nicht jahrgangsbezogen einzugrenzen. Probleme im Unterricht, auffälliges Verhalten in den Pausen gegenüber Mitschülern und Lehrern ist personen- und nicht jahrgangsbezogen. Auf der Insel finden wir an einem normalen Unterrichtsvormittag etwa Steve, der dem Unterricht nicht mehr folgen kann und ihn permanent stört. Wir finden auch Laura, die schon seit Wochen keinerlei Hausaufgaben mehr macht. Ali ist auf der Insel, um ein Diktat nachzuschreiben. Er kann eigentlich schon ganz gut Deutsch, lediglich das Diktiertempo im Klassenverband ist ihm noch zu hoch. Mit Steve spricht die Ambulanzlehrerin und versucht, ein Konzept zur Verbesserung des Unterrichtsverhaltens zu entwickeln. Heute nachmittag will sie mit Steves Mutter ein Gespräch führen, um auch das Elternhaus einzubinden. Ähnliches wird mit Laura geschehen. Nachdem Ali sein Diktat absolviert hat, wird er in den Klassenverband zurückkehren. *Jahrgangsübergreifende Aktivitäten aus pädagogischen Überlegungen!*

Resümee

An unserer Schule, obwohl sie jahrgangsbezogen organisiert ist, finden zunehmend mehr Aktivitäten in Richtung jahrgangsübergreifendes Arbeiten und Leben statt. Diese Aktivitäten ergeben sich automatisch, wenn die Ansprüche an individualisiertes und sozialadäquates schulisches Arbeiten tatsächlich ernst genommen werden. Eine Regelschule mit über siebenhundert Schülern läßt sich allerdings nicht von heute auf morgen jahrgangsübergreifend umstrukturieren. Dies ist sicherlich nicht zuletzt auch in der Mentalität des Kollegiums begründet. Aber immer dort, wo die Notwendigkeit gesehen und anerkannt wird, lassen sich Elemente übergreifenden Arbeitens realisieren. Die Erfolge dieser Arbeit erhöhen die Bereitschaft aller am schulischen Leben Beteiligten, weitere Schritte in diese Richtung zu unternehmen. Es ist für uns sicherlich ein weiter Weg bis zur jahrgangsübergreifenden Organisation, aber er lohnt. Dessen bin ich mir sicher. Oder, um mit Sokrates diesen kurzen Bericht abzuschließen:

«Nicht vom Beginn an enthüllen die Götter den Sterblichen alles. Aber im Laufe der Zeit finden wir suchend das Bess're.»

Sigrid Rakow

Jahrgangsübergreifendes «richtiges Arbeiten»

Eine Chance für Kinder mit Schulschwierigkeiten

Was bleibt der Lehrkraft an Möglichkeiten, wenn von 20 Kindern fünf aufgrund ihrer außerschulischen Erfahrungen nicht in der Lage sind, sich schulischen Anforderungen zu stellen?

Was bleibt an Möglichkeiten, wenn sich die Kinder durch Herumlaufen oder andere aufmerksamkeitserheischende Verhaltensweisen oder durch völliges geistiges Abschalten der gewünschten Lern- und Arbeitsatmosphäre entziehen? Einige Sympathisanten für die «Nichtstuer» finden sich meist auch recht schnell: «Wenn die nicht arbeiten, will ich auch nicht.»

Es sind ferner noch die Kinder da, die gute Arbeitsergebnisse zeigen, aber unaufhörlich Bestätigung verlangen, die geradezu eifersüchtig darüber wachen, daß die Lehrkraft nicht zu viel Aufmerksamkeit an andere Kinder vergibt.

Und es sind noch die Kinder da, die intensive Hilfen brauchen, um entsprechende Lernfortschritte zu erzielen, ebenso wie die Kinder, die zwar gern möglichst schnell lesen und schreiben lernen wollen, die aber die damit verbundenen Anstrengungen nicht auf sich nehmen möchten, die den Unterrichtsvormittag konsumieren wie einen langatmigen Fernsehfilm.

Wie lassen sich diese Kinder integrieren, wie zu einer angemessenen Arbeitshaltung bringen?

In der Gemeinschaft der Jahrgangsklasse werden auffällige Kinder wie die oben beschriebenen schnell zum Außenseiter. Manche kommen schon mit dieser Außenseiterposition behaftet zur Schule; die vor- und außerschulischen Erfahrungen wirken in die Schule hinein. Der Platz in der Rangordnung der Klasse ist damit von vornherein ganz unten, und diese Rangordnung besteht dann meist während der ganzen Grundschulzeit und darüber hinaus.

In den Pausen sind diese Kinder nicht selten besonders anhänglich, suchen die Nähe – hängen an Hand oder Arm – der aufsichtführenden Lehrkraft.

Pausenbeobachtungen der Lehrkräfte zeigen, daß sich manche der schwierigen Kinder mit Vorliebe in der Nähe des Hausmeisters aufhalten. So findet sich beim Laubharken im Herbst, nach dem Rasenmähen oder beim Schneeschaufeln schnell eine Gruppe von Kindern aus allen 4 Jahrgangsstufen, die begeistert mithelfen. Bei diesen Gelegenheiten ist die Pause viel zu kurz. Wird den Kindern gestattet, während der Unterrichtszeit noch eine Weile dem Hausmeister zu helfen, erntet man Begeisterung, eine Begeisterung, die so weit nachwirkt, daß sogar die Arbeit der versäumten Unterrichtsstunde weitgehend nachgeholt wird.

Beobachtungen aus der Schulgartenarbeit zeigen, daß die altersgemischten Gartenarbeitsgruppen gut funktionieren, daß die Zusammenarbeit besser klappt als in den Jahrgangsklassen. Die jüngeren Kinder akzeptieren die Vorgaben der älteren Kinder, diese nutzen die Kleinen aber nicht etwa aus, indem sie ihnen nur unangenehme Arbeiten zuschieben.

Bleibt die Frage, ob diese positive Arbeitshaltung aufgrund der altersgemischten Zusammensetzung zustandekommt oder ob die praktische Arbeit dabei der wesentliche Faktor ist.

Wahrscheinlich ist beides wichtig. Bei den spontan zusammengesetzten Gruppen ist die Rangelei um eine Rangordnung – wer wem etwas zu sagen hat und auf wen man sowieso nicht hören wird – unbedeutend, da die Gruppe nur kurzfristig zusammenarbeitet.

Eindeutig ist aber, daß die sonst im Unterricht problematischen Kinder in den «Arbeitsgruppen» (wie ein Schüler sagt: «bei richtiger Arbeit») fast unauffällig sind. Ob sie mit dem Hausmeister kleine Reparaturen durchführen, dabei mal einen Schraubenzieher benutzen, oder geduldig warten, bis sie Nägel reichen dürfen, die Kinder sind hier motorisch kaum auffällig, sie können sich auf die Sache konzentrieren und Regeln einhalten.

Und noch etwas anderes spielt eine Rolle. In der Jahrgangsklasse hat man als Schüler nur geringe Chancen, seinen Platz in der Rangordnung zu verbessern. Wer einen unbedeutenden niedrigen Platz in der Rangordnung hat, bleibt unbedeutend. Bei jahrgangsübergreifenden Gruppen kommt für ein Kind im 2., spätestens im 3. oder 4. Schuljahr der Erfahrungsvorsprung einer längeren Schulzeit gegenüber einem Erstkläßler zum Tragen. Jedes Kind hat dadurch die Möglichkeit, sein Wissen, seine Erfahrung an weniger Erfahrene weiterzugeben und damit zu erleben, daß es etwas kann, daß es mit seinen Fähigkeiten gebraucht wird, daß es wichtig ist. Die jüngeren Kinder akzeptieren die Hilfen der Großen, fordern sie oft sogar an.

Aufgrund der positiven Erfahrungen mit jahrgangsübergreifenden Arbeitsgruppen wurden an unserer Schule (der Grundschule Edewechterdamm in Friesoythe) Kleinprojekte initiiert, wie z. B. der Bau eines Kaspertheaters und eines Kaufladens, das Anlegen einer Kräuterspirale und eines Moorbeets im Schulgarten.

Es gibt auch eine zuverlässig arbeitende Gruppe für die Küchenarbeit, die den Geschirrspüler ausräumt, Tassen und Gläser für die Frühstückspause bereitstellt. Die Arbeit wird erledigt und die Zusammenarbeit klappt gut in der altersgemischten Kleingruppe in der Nähe eines Erwachsenen.

Bei den beschriebenen Arbeiten erleben die Kinder Erfolge. Sie sind in der Gruppe akzeptiert und die Arbeit hat ein sichtbares, positives Ergebnis.

Vielleicht lassen sich die Erfolge so ausweiten auf andere schulische Arbeit, daß sich mehr Bereitschaft zur Mitarbeit z. B. im Mathematik- oder Deutschunterricht erzielen läßt. Arbeit in jahrgangsübergreifenden Gruppen auch im «normalen» Unterricht soll in Zukunft verstärkt durchgeführt werden.

Allerdings sind die Probleme der Kinder, die Belastungen aus dem Privatleben, mit den jahrgangsübergreifenden Arbeitsprojekten nicht gelöst. Sie lassen sich oft auch durch intensive Zusammenarbeit zwischen Schule und Elternhaus nicht lösen, auch wenn alle Beteiligten die Bereitschaft dazu mitbringen. Hier spielen zu viele auch außerschulische Faktoren mit.

Dennoch ist das jahrgangsübergreifende Lernen mit großen Anteilen handlungsorientierten Unterrichts, «mit richtiger Arbeit» ein bedenkenswerter Ansatz für die schulische Arbeit, ein Ansatz, der die Chance birgt, daß die unterschiedlichen Lernvoraussetzungen der Kinder berücksichtigt werden können und jedes Kind nach seinen individuellen Möglichkeiten gefördert werden kann.

Das Reformmodell

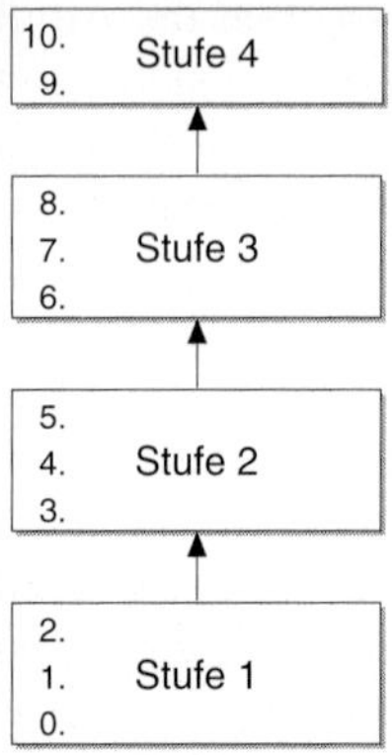

Nach diesem Modell arbeitet die Reformschule Kassel, eine Versuchsschule der Stadt Kassel, seit dem Schuljahr 1988/89.
In der Stufe 1 sind die fünf- bis siebenjährigen Kinder in Gruppen zusammengefaßt, in Stufe 2 die Acht- bis Zehnjährigen, in Stufe 3 die Elf- bis Dreizehnjährigen, in Stufe 4 schließlich die Vierzehn- bis Sechzehnjährigen

Adresse: Schulstr. 2, 34131 Kassel
Tel.: 05 61 / 31 12 72

Strukturmodell der Jena-Plan-Schule in Jena

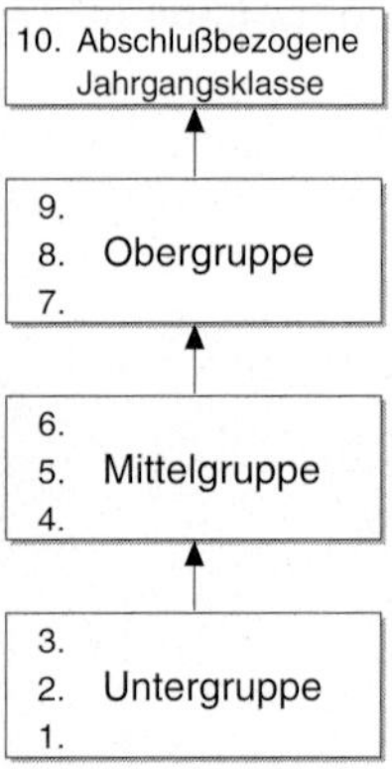

Die Jena-Plan- Schule in Jena läuft seit Sept. 1991 als Schulversuch. Die Kinder des 1., 2. und 3. Schuljahres sind in der «Untergruppe», die des 4., 5. und 6. Schuljahres in der «Mittelgruppe». Zu Schuljahresende wechselt jeweils ein Drittel der Kinder die Stammgruppe, 60-70 % bleiben zusammen. Dieses weicht vom klassischen Jena-Plan-Modell insofern ab, daß sich dort die Obergruppe aus den Klassen 6, 7 und 8 zusammensetzte und die 8., 9. und 10. Klasse die Jugendlichengruppe bildet.
Adresse: Ziegenhainerstr. 52, 07749 Jena,
Tel.: 0 36 41 / 5 57 10

Das Aufsteigemodell

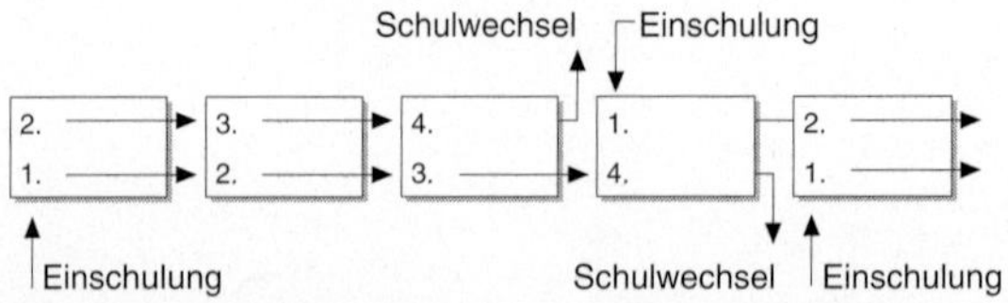

Seit 1984 arbeitet die Gemeinschaftsgrundschule Mülheimer Freiheit mit aufsteigenden Stammgruppen. Da es in Nordrhein-Westfalen keine sechsjährige Grundschule gibt, werden reduzierte Stammgruppen von je zwei Jahrgängen eingerichtet. Die Kinder bleiben jeweils zwei Jahre in den Jahrgangskombinationen 1/2 und dann 3/4.
Adresse: Mülheimer Freiheit 99, 51063 Köln
Tel.: 02 21 / 6 40 16 58.

III.
Auf dem Wege zur Realisierung: Organisations- und Kooperationsformen

Josef Aengenvoort

Aufsteigende Stammgruppen

Seit 1981 werden die Kinder unserer Schule der GGS Mülheimer Freiheit in Köln, in Stammgruppen unterrichtet. Die Notwendigkeit der Einrichtung von Stammgruppen ergab sich durch die wachsende Anzahl von nicht deutsch sprechenden Schulneulingen. Der Anteil dieser Kinder im ersten Schuljahr stieg auf 50 % und darüber. So gab es in den einzelnen Klassen bis zu sechs verschiedene Nationalitäten, die sich zwar in ihrer jeweiligen Muttersprache ausdrücken konnten, die aber die Sprache des Tischnachbarn nicht verstanden. Die sich daraus ergebenden Probleme für Kinder und Lehrer einer Eingangsklasse sind leicht vorstellbar: Die Kinder konnten dem Lehrer nichts sagen, nichts erzählen, keine Bedürfnisse, keine Ängste mitteilen. Auch untereinander blieben die Kinder weitgehend stumm. Verschärfend wirkte sich aus, daß die deutschen Kinder unter häuslichen Problemen zu leiden und somit Defizite im sozialen Bereich zu verkraften hatten.

Dem Lehrer gelang es oft nicht, einfachste Informationen so weiterzugeben, daß alle Kinder sie verstanden. Jeder Morgen wurde zu einem Abenteuer, das den Lehrer an den Rand des psychischen Absturzes brachte. Vor allem die Lehrer der jeweiligen Eingangsklassen trugen schwer an der täglich neu erlebten, eigenen Hilflosigkeit. Kinder und Lehrer waren in eine Situation geworfen worden, für die keiner der Beteiligten verantwortlich war, deren äußere Bedingungen auch keiner der Betroffenen verändern konnte. Diese Situation überforderte jeden einzelnen der beteiligten Menschen.

Das Kollegium suchte nach Auswegen.

Peter Petersen hat die Einrichtung von Stammgruppen theoretisch begründet und an seiner Jena-Plan Schule praktiziert. Sein Helfersystem in Stammgruppen schien uns eine mögliche Lösung zu sein und, wie sich durch die Praxis zeigen sollte, war es auch.

Allerdings konnten wir die Stammgruppen nicht in der bei Petersen beschriebenen Form bilden, da das Schulgesetz von NRW mit der vierjährigen Grundschule die sinnvollere Kombination von drei Jahrgangsstufen zu einer Stammgruppe verhinderte und auch heute noch verhindert. Wir richteten darum folgende Stammgruppen ein: Kinder des 1. und 2. Schuljahres wurden zu Stammgruppen zusammengefaßt und ebenso die Kinder des 3. und des 4. Schuljahres. Die Stammgruppen der 1. und 2. Schuljahre nannten wir «Eingangsstufe», die Stammgruppen der 3. und 4. Schuljahre «Grundstufe».

Erfahrungen und Probleme

Die Auflösung der Jahrgangsklassen wurde auf Antrag unserer Schulkonferenz vom KM erlaubt. Die erhofften Vorteile der Stammgruppenbildung zeigten sich schnell. Die Kolleginnen, die in den Eingangsstufen arbeiteten, schrieben darüber: «Nach diesem Jahr Stammgruppenpraxis können wir feststellen, daß sich die Zusammenlegung des 1. und des 2. Schuljahres bewährt hat. Die Kinder des 1. Schuljahres werden von Anfang an von den 'Großen' betreut. Ängste, die bei vielen Schulanfängern in der ersten Zeit auftreten ..., tauchen gar nicht erst auf, weil die Kinder des 2. Schuljahres sich um die 'Kleinen' kümmern» (Skierra 1985, S. 162).

Das Sitzenbleiberelend wurde durch diese Organisationsform stark gemildert, da die Kinder, deren Lerndefizite so groß waren, daß sie in einer höheren Klasse nicht mitarbeiten konnten, bei einer Wiederholung der Klasse keine Diffamierung erfuhren: Sie blieben in der gleichen Stammgruppe und hatte ja schon in der Zeit vor dem Schuljahresende an der stofflichen Arbeit des unteren Jahrgangs teilgenommen.

Im Laufe der folgenden Jahre mußten das Kollegium und die Elternschaft unserer Schule neben den erhofften und kurz beschriebenen Vorteilen der Arbeit in Stammgruppen aber auch erhebliche Probleme erkennen, die durch diese Organisationsform einerseits und unser Schulklientel andererseits entstanden. Begleiten wir ein Kind des ersten Schuljahres auf seinem Weg durch die Grundschule, das die oben beschriebene Stammgruppenbildung durchlief:

Das erste Schuljahr erlebte es gemeinsam mit Kindern des 2. Schuljahres in der Stammgruppe A bei der Lehrerin R. Nach dem ersten Schulbesuchsjahr schon wechselten die Kinder des 2. Schuljahres die Stammgruppe, da sie ja ins 3. Schuljahr versetzt wurden. Unser Kind bekam nun neue Partner, nämlich die des neuen 1. Schuljahres. Es blieb jedoch bei derselben Lehrerin im selben Raum. Nach einem Schulbesuchsjahr mußte sich unser Kind auf eine völlig neue Zusammenarbeit innerhalb der Stammgruppe einstellen. War es zuerst ein Kind, dem eher geholfen wird, mußte es den anderen Part, den des Helfers, übernehmen.

Der Wechsel ins dritte Schuljahr aber brachte für unser Kind eine noch erheblichere Veränderung mit sich: Es bekam eine neue Lehrerin, zog um in einen anderen Klassenraum und arbeitete nun mit Kindern des 4. Schuljahres zusammen. Diese Kinder kannte es zwar schon aus seiner Zeit im 1. Schuljahr, doch hatten sie sich im Laufe dieses Jahres weiterentwickelt und verändert, wie ja auch unser Kind nicht mehr der ängstliche Schulneuling war. Es trafen zwei «neue» Gruppen aufeinander. Bei der Einrichtung der Stammgruppen waren wir davon ausgegangen, daß sich nach diesem Übergang unseres Kindes in die Grundstufe eine stufenlose Zusammenarbeit aller Kinder ergeben würde, weil sich ja alle Kinder des neuen 3./4. Schuljahres schon aus der Zeit des Zusammenlebens in der Eingangsstufe kannten und auch alle Kinder Formen des Zusammenlebens mit ihren jeweiligen Stellungen in der Gruppe praktiziert hatten. Dies war jedoch nicht so. Natürlich hatten sich alle Kinder während der Zeit der Trennung verändert. Die meisten Kinder hatten neue Freundschaften geschlossen, hatten die Rolle innerhalb der jeweils anderen Stammgruppe wechseln müssen, waren gewachsen, hatten dazugelernt, hatten andere Interessen gewonnen usw. Der leseunfähige Schulneuling konnte nun sicher und richtig lesen, ja er konnte manchmal schon besser lesen als einige Kinder des ehemaligen 2. Schuljahres.

Die alten Freundschaften oder Partnerschaften existieren nur noch zum Teil. Bei den Vorüberlegungen zur Einrichtung der Stammgruppen aber waren wir davon ausgegangen, daß sich in der Grundstufe eine übergangslose Weiterführung des in der Eingangsstufe praktizierten Arbeits- und Sozialverhaltens dieser Stammgruppe ergeben würde.

Im darauffolgenden Jahr verblieb unser Kind in der gleichen Stammgruppe bei derselben Lehrerin und im selben Raum, traf nun nach drei Schulbesuchsjahren wieder auf die Kinder des neuen dritten Schuljahres, die es ja als Schulneulinge erlebt hatte. Der oben beschriebene Prozeß mit den Startschwierigkeiten lief in allen Stammgruppen erneut ab.

Zusammenfassend gesagt *erlebte unser Kind während seiner Grundschulzeit jährlich einen Wechsel in der Zusammensetzung der Stammgruppe. Zudem wechselte nach zwei Jahren die Lehrerin und der Klassenraum.*

Diese jährliche Veränderung des sozialen Umfeldes in der Schule traf unsere Kinder in Mülheim vermutlich deswegen härter als Kinder anderer Schulen, die ja schon seit vielen Jahren mit dieser Organisation der Stammgruppenbildung problemlos gearbeitet hatten und die unsere Vorbilder waren, weil ihre häuslichen und familiären Verhältnisse äußerst schwer waren: Die deutschen Kinder wußten oft nicht, ob sie zu Vater oder zu Mutter gehörten, denn die Situation zu Hause änderte sich hin und wieder, so daß sie keine konstante Beziehung mit orientierender Funktion aufbauen konnten. Die ausländischen Kinder wußten nicht, ob ihre Heimat das jeweilige Mutterland oder ob es Deutschland war. Diese soziale Desorientierung vieler Kinder unseres Schulbezirks verstärkten wir in der Schule aber noch durch den beschriebenen häufigen Wechsel der sozialen Bindungen.

Ehe wir den Grund für die alljährlichen Anlaufschwierigkeiten der Unterrichtsarbeit in den Stammgruppen herausfanden, verging einige Zeit, in der wir die Ursache für dieses Phänomen bei uns Lehrern suchten: Es waren ja zwei Lehrerteams entstanden, die wöchentlich tagten, um die Wochenarbeiten der Stammgruppen vorzubereiten, dabei natürlich vorrangig die auftretenden Fragen dieser Stufe besprachen und im Laufe von zwei, drei Jahren den Blick für die Probleme der anderen Stufe verloren zu haben schienen. Um dem zu begegnen, wurden stufenübergreifende Maßnahmen verabredet, die den Kontakt sowohl zwischen den Kindern als auch zwischen den Lehrern fördern könnten:

- Die Feiergruppen wurden so zusammengesetzt, daß Kinder der Eingangsstufe und der Grundstufe gemeinsam die Feier gestalteten.
- Die Lehrerinnen übernahmen stundenweise den Unterricht in den ehemaligen bzw. zukünftigen Stammgruppen.
- Kolleginnen, die in der jeweils anderen Stufe unterrichteten übernahmen die Pausenaufsicht.
- Gemeinsame Teamsitzungen fanden monatlich vor den jeweiligen «Stufenteams» statt.
- Die Kinder der Grundstufe übernahmen «Patenschaften» für Stammgruppen der Eingangsstufen.

Diese Maßnahmen aber änderten nichts an der Dauer der Eingewöhnungszeit der Kinder nach dem Schuljahresbeginn in den neuen Stammgruppen. Die Ursachen mußten also anderswo gesucht werden. Wir fanden sie wie oben beschrieben im zu häufigen Wechsel der Stammgruppen, den die Kinder wie in den Familien nun auch in der Schule zu oft verkraften mußten.

Aufsteigende Stammgruppen

Wir suchten nach Möglichkeiten, dieses Problem für unsere Mülheimer Kinder in den Griff zu bekommen, ohne die erfahrenen Vorteile der Arbeit in Stammgruppen aufgeben zu müssen. In Diskussionen, an denen Eltern, die Schulaufsicht, die Uni Gießen und z. T. Kinder beteiligt waren, schälten sich mögliche Alternativen zu den bisher bekannten Stammgruppenbildungen heraus.

Seit 1986 unterrichten wir in sogenannten aufsteigenden Stammgruppen. Jedes Kind bleibt während der ganzen Schulzeit in seiner Stammgruppe und hat während der vier Grundschuljahre dieselbe Lehrerin. Die Jahrgangskombinationen innerhalb ein und derselben Stammgruppe sehen in den aufeinanderfolgenden Jahrgängen jetzt folgendermaßen aus:

Jahr	1990	1991	1992	1993	1994
Stammgruppe	1/2	2/2	3/4	4/1	1/2

Verfolgen wir ein Kind durch seine Grundschulzeit, sehen wir, daß das Kind immer in derselben Stammgruppe verbleibt. Beginnt es seine Schullaufbahn mit der Jahrgangskombination 1/2, arbeitet es in den ersten drei Jahren mit denselben Kindern zusammen. Erst wenn es das 4. Schuljahr erreicht hat, ändert sich die Situation: Kinder des 1. Schuljahres werden zu Partnern. Diese eher ungewöhnliche Zusammensetzung der Stammgruppe hat natürlich nicht bei allen Pädagogen Zustimmung gefunden, obwohl gerade diese Kombination ein sehr ruhiges und konzentriertes Arbeiten in der Stammgruppe ermöglicht und auslöst.

Als der Plan den Eltern in der Schulkonferenz, in den Klassenpflegschaftssitzungen und in einer Schulgemeindeversammlung vorgestellt wurde, fand er aber breite Zustimmung, ja es wurden offene Türen eingerannt. Viele Erziehungsberechtigte erklärten in dieser Vollversammlung, daß sie froh darüber seien, weil durch diese aufsteigenden Stammgruppen ein Lehrerwechsel vermieden würde und die Kinder sich besser auf «ihre» Lehrerin einstellen könnten.

Betrachten wir den Idealstundeplan für eine solche Stammgruppe, gebildet aus dem 1. und 4. Schuljahr:

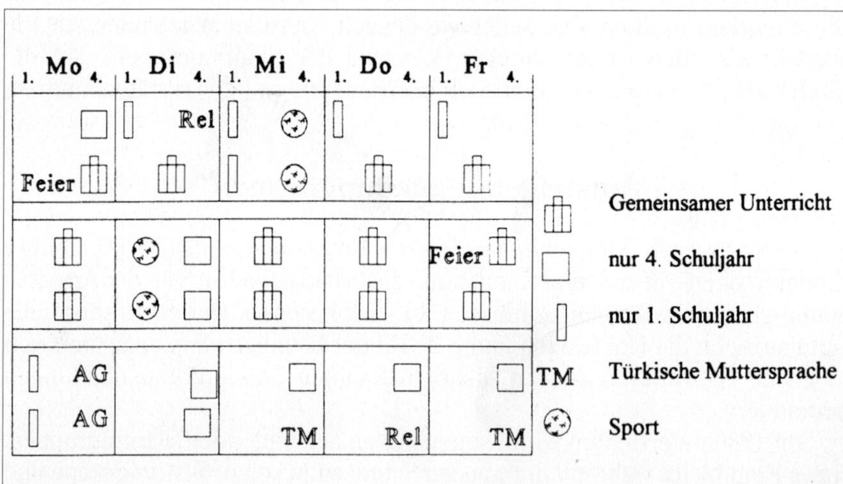

Die Stundenpläne für die anderen Klassenkombinationen sehen ähnlich aus:

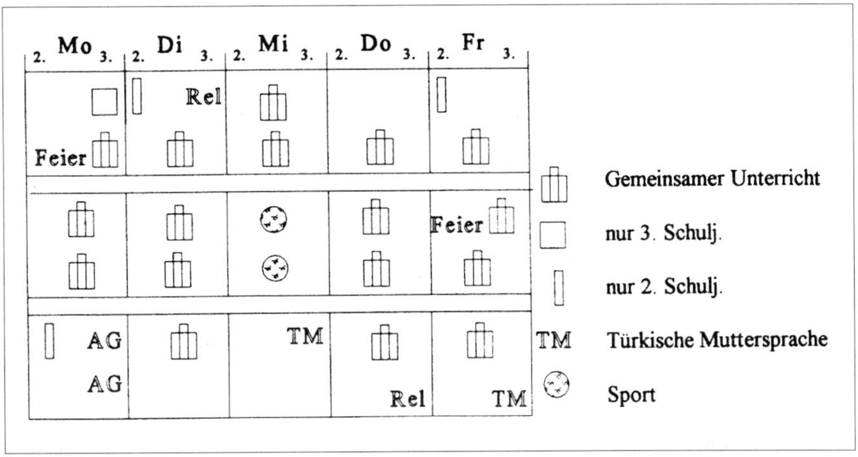

Religion wird im 3. und 4. Schuljahr in 3 Gruppen unterrichtet, und zwar «röm.-katholisch», «evangelisch» und «islamisch». Die islamische Religionslehre erteilt unser türkischer Lehrer. Er wird von seinen strengen Landsleuten heftig angegriffen, weil er den Koran in türkischer Sprache lehrt und nicht in arabischer. Die AG werden in jedem Halbjahr neu gebildet. Die Kinder müssen aus dem Angebot drei AG auswählen. Das Team legt dann fest, ob der Erst-, der Zweit- oder der Drittwunsch des Kindes berücksichtigt werden kann. Die Kinder müssen an einer AG teilnehmen. Lösen wir Jahrgangsklassen auf, müssen Organisationsformen im Unterricht praktiziert werden, die ermöglichen, daß individuelle Lernkurse im Klassenraum einer Stammgruppe ablaufen können.

Betrachten wir noch einmal die Stundenpläne, sehen wir, daß nur in wenigen Wochenstunden eine Auflösung der Stammgruppe praktiziert wird. Nur noch der Lesekurs der Schulneulinge läuft in Kursform ab, obwohl auch während dieser Stunden (1. Unterrichtsstunde) oft Kinder des 4. bzw. 2. Schulbesuchsjahres anwesend sind, sei es, weil sie als Helfer fungieren oder weil sie noch einige Arbeiten erledigen wollen.

Zunehmend vermeiden wir Formen äußerer Differenzierung. So gibt es keine schuljahrsgleichen Lernkurse mehr (Auflösung von Stammgruppen in jahrgangsgleiche Lerngruppen, die fächergebunden unterrichtet werden). Wir befürchten, daß durch diese Form des Kursunterrichts eine Entwicklung bei Kindern einsetzen kann, die der Eigenverantwortung, der Selbständigkeit und der Integration entgegenlaufen und das Erreichen dieser übergeordneten Ziele erschweren. Stattdessen fördern wir solche Unterrichtsformen innerer Differenzierung, in denen die Kinder das eigene Lerntempo, den Umfang ihrer Arbeit und weitgehend auch die selbständige Auswahl des Lernstoffes bestimmen.

Kinder, die von Schulbeginn an solche Arbeitsweisen erfahren, erhalten sich ihre Lernfreude und ihren Wissensdurst. Viele der «Neuen» einer Stammgruppe übernehmen diese Arbeitshaltung. Kindern mit Motivationsstörungen hilft die Lehrerin, die wegen der selbständigen Arbeitsweise der meisten Kinder einer Stammgruppe Zeit gewinnt. Stundenweise hilft auch eine Sonderschullehrerin in den Stammgruppen durch Teamteaching. Auch in den Fächern Mathematik und Sprache werden die Kinder in ihren Stammgruppen unterrichtet.

Die von PETERSEN in Jena praktizierte Zusammensetzung der Stammgruppen hat gegenüber unserer Stammgruppenbildung einen großen Vorteil dadurch, daß sich die Position des einzelnen Kindes innerhalb der Gruppe jährlich ändert: Lehrling, Geselle, Meister, Lehrling, Geselle, Meister usw.

Leider erlaubt unser Schulgesetz in NW diese dreijährige Stammgruppenbildung nicht. Eine sechsjährige Grundschulzeit aber würde neben vielen anderen Vorteilen auch eine solche Stammgruppenbildung ermöglichen.

Durch die Einführung der aufsteigenden Stammgruppen sind jedoch die angestrebten Ziele erreicht worden.

- Der alljährlich wieder einsetzende Prozeß der Gruppenbildung wird stark reduziert.
- Es findet in der Regel kein Lehrerwechsel statt. Kinder und Lehrer lernen sich besser kennen und verstehen.
- Die Kinder erleben den Wechsel ihrer Rolle (höheres Schuljahr – tieferes Schuljahr) innerhalb der Gruppe einmal während der Grundschulzeit und nicht mehr jedes Jahr.
- Die Gruppe wächst zusammen und gibt dem Kind eine soziale Orientierung.
- Das «Helfersystem» funktioniert nach wie vor.

Literatur

SKIERRA, EHRENHARD: Schule ohne Klassen. Gemeinsam lernen und leben. Das Beispiel Jenaplan. Heinsberg 1985

Jutta Fremerey

Erfahrungen mit der Jahrgangsmischung an der Montessori-Schule, Bonn

Der gemeinsame Unterricht von altersgemischten Gruppen gehört als wichtiger Bestandteil zur Montessori-Pädagogik. In ihrem Buch «Spannungsfeld» schreibt Maria Montessori:

> «Die Hauptsache ist, daß die Gruppen verschiedene Altersstufen umfassen, weil das großen Einfluß auf die Bildungsentwicklung des Kindes hat. Dies wird durch die Beziehungen der Kinder untereinander selbst erreicht! Sie können sich kaum vorstellen, wie gut ein kleines Kind von einem älteren lernt; wie geduldig das ältere Kind mit den Schwierigkeiten des jüngeren ist. Es sieht beinahe so aus, als ob das jüngere Kind für das ältere einen Arbeitsstoff darstellte. Ich habe oft aufgehört, sie zu beobachten, und gedacht: Ist es für das ältere Kind nicht eine Vergeudung von Zeit? Aber dann wurde mir klar, daß, wenn man etwas lehrt, einem selbst der Gegenstand klarer wird. Durch nichts lernen Sie mehr als durch das Lehren anderer, besonders wenn Sie den Gegenstand nicht sehr gut beherrschen. Denn die Anstrengungen des anderen wirken wie eine Fehlerkontrolle für Sie selbst und regen Sie an, mehr Kenntnis zu erwerben, um dem anderen zu vermitteln, was er braucht.»
>
> «Das ließ uns denken, daß es eine Stufung der geistigen Entwicklung gibt und der Abstand zwischen dem Erwachsenen und dem Kind so groß ist, daß der Erwachsene dem kleinen Kind nicht die gleiche Hilfe bieten kann wie derjenige, der diesem Kind im Alter noch nähersteht. Darum ist gesagt worden: man muß wie ein Kind sein, um ein Kind zu verstehen. Es ist die große Hilfe für den Lehrer, diese verschiedenen Altersstufen in der Schule zu haben; und Sie müssen verstehen, daß Sie, um Erfolg zu haben, diese verschiedenen Lebensalter dahaben müssen. Diese Dinge also müssen Sie bedenken:
>
> 1. das *Interesse des Kindes,* das das Kind dazu bringt, sich für ein Studienobjekt zu entscheiden.
> 2. die *Kooperation der Kinder,* und diese wird immens unterstützt durch das Faktum, daß das Alter der Kinder nicht gleich ist; die

älteren Kinder sind an den jüngeren interessiert und die jüngeren an den älteren. So kommen wir zu dem Schluß, daß nicht nur die älteren den jüngeren helfen, sondern auch sie selbst aus diesem Faktum Gewinn ziehen.

3. gibt es die *natürlichen Triebe des Menschen, die ihn veranlassen, sich an einen Platz zu binden, was Ordnung und Disziplin zur Folge hat.»*

Die Suche nach der «richtigen Mischung»

In unserer Schule, die nun seit 25 Jahren besteht, haben wir unterschiedliche Erfahrungen mit Jahrgangsmischungen gemacht.

Grundsätzlich arbeiten wir sowohl jahrgangsgemischt als auch mit reinen Jahrgängen. Dies ist eine Folge unterschiedlicher Anmeldezahlen, die nicht immer jahrgangsgemischte Klassen erlauben.

Montessori-Pädagogik sieht grundsätzlich eine Jahrgangsmischung von drei Altersgruppen vor: zunächst die 3-6jährigen im Kinderhaus; in der Schule dann die 6-9jährigen und die 9-12jährigen.

Dies würde wunderbar passen, wenn wir die 6jährige Grundschule hätten. So läßt sich diese Mischung kaum verwirklichen. Eine Möglichkeit könnte so aussehen: Das 1., 2. und 3. Schuljahr werden in einer Klasse zusammengefaßt und jeweils die Gruppe des 4. Schuljahres aus drei Klassen zu einer Jahrgangsklasse zusammengestellt. Diese Lösung hat den Vorteil, daß für Freiarbeit und Differenzierung beste Voraussetzungen gegeben sind. Den vierten Schuljahren fehlen nun aber die Älteren. Sie werden für ein Jahr «zusammengewürfelt», können kaum in dieser kurzen Zeit zusammenwachsen und eine gemeinsame Gruppe bilden. Nach einem Jahr werden sie dann entlassen und müssen sich erneut nicht nur in eine neue Gruppe, sondern gleich in eine neue Schule einleben. So führten wir diese Art der Jahrgangsmischung also nicht durch.

Wir begannen die Jahrgangsmischung etwas «gewaltsam». Reine Jahrgangsklassen wurden so geteilt, daß 1. und 2. Schuljahr halbiert und neu zusammengestellt wurden zu einer Kombination 1/2. Trotz grundsätzlicher Elternzustimmung entstand eine große Unruhe bei Eltern und Kindern, so daß wir von solch einer Teilung abraten würden. Wir erprobten dann weiter die Mischung aller vier Jahrgänge. Dabei machten wir die Erfahrung, daß freie Arbeit auf diese Weise gut gelingt. Allerdings erfordert diese Mischung einen ausgeklügelten Stundenplan und eine außerordentlich gut funktionierende Organisation. Denn Stunden wie Sport, Religion, z. T. auch anderer Fachunterricht können nicht immer für alle Jahrgänge gleichzeitig erteilt werden. Hier ist es günstiger, z. B. nur zwei Jahrgänge zusammenzufassen, die im Alter dichter nebeneinander liegen. Das bedeutet: Wenn es gelingt, zwei Klassen mit einer Vierer-Kombination zusammenarbeiten zu lassen, ist eine Aufteilung in 1/2 und 3/4 für den Fachunterricht möglich und nötig.

Die Vorteile: In der Freien Arbeit Kombination 1-4 mit allen vorteilhaften Bandbreiten. Im Fachunterricht nur Zweierkombination.

Die Nachteile: Es entsteht sehr viel Unruhe, weil die Gruppen z. T. mehrmals am Tag neu zusammengesetzt werden (eigene Klasse, Sportgruppe anders als z. B. Religion, weil dort noch die Teilung in Religionszugehörigkeit dazukommt). Bei Krankheit der Lehrerin kann der ganze Plan zusammenbrechen. Um die Verzahnung von Freiarbeit und Fachunterricht sicherzustellen, muß der Stundenplan besser angepaßt werden. Für diese Kombination ist der normale Stundenplan zu starr.

Zweierkombination

Wegen der großen organisatorischen Schwierigkeiten haben wir vor einigen Jahren die Viererkombination aufgegeben und führen unsere gemischten Klassen jetzt nur noch in Zweierkombinationen.

Unser Aufbau ist dabei folgender: Wir beginnen entweder mit ca. 15 Kindern im 1. Schuljahr oder füllen eine viertes Schuljahr mit Erstkläßlern auf. Das bedeutet aber auch unter Umständen, daß die Parallelklasse bis zu 30 Kinder umfassen kann.

Einfacher ist der erste Weg. Im nächsten Jahr kommen dann ca. 12 Erstkläßler dazu, so daß die Kombination dann 1/2 heißt. Diese Kombination bringt etwas Unruhe und Einarbeitungszeit mit, da die «Kleinen» natürlich am Anfang viel Hilfe brauchen und die «Größeren» zum Teil noch nicht selbständig sind. Meist dauert es auch einige Wochen, bis die Klasse wieder eine Gruppe bildet. In den nächsten Jahren sieht die Kombination dann weiter so aus: 2/3, dann 3/4. Diese beiden Jahre bilden einen Ruhepunkt. Die Gruppen bleiben bestehen. Die Arbeitsweisen sind bekannt. Schließlich geht das 4. Schuljahr, und eine Gruppe 1. Schuljahr kommt dazu.

Diese Kombination wirkt zunächst sehr ungewohnt. Lernen die 4. Schuljahrskinder auch noch genug? Werden sie nicht viel gestört von den «Kleinen»? Nach unseren Erfahrungen ist diese Kombination die interessanteste. Die Großen sind bereits so weit, daß sie sehr selbständig arbeiten können. Sie sind oft nicht mehr so eifersüchtig auf die Kleinen wie die Kinder des 2. Schuljahres und helfen und bemuttern sie gerne. Bei sozialen Konflikten sind sie selbst nicht so stark engagiert wie die größeren z. B. in der 2/3 Kombination. So regeln sie eine Reihe von Konflikten untereinander.

Die Kleinen orientieren sich im Arbeits- und Sozialverhalten besonders stark an den Älteren und brauchen nicht so häufig die Lehrerkontrolle. Die

Älteren erinnern sich noch einmal gerne an ihre eigene Anfangszeit und begleiten die Kleinen meist liebevoll. Da für das 4. Schuljahr mehr Unterrichtsstunden zur Verfügung stehen, kommt auch der Lernstoff auf keinen Fall zu kurz.

Wir kombinieren im Fachunterricht teilweise zwei Lerngruppen des 1. und 4. Schuljahres aus zwei verschiedenen Klassen, so daß die Kinder auch altersentsprechenden Fachunterricht haben.

Mit dieser eben beschriebenen Kombination zu beginnen, also zu einem bestehenden 4. Schuljahr eine Gruppe 1. Schuljahr dazuzunehmen, bedarf guter Vorbereitung. Viele Eltern reagieren ängstlich, wenn sie davon noch nichts gehört haben und ihre Kinder als «Versuchskaninchen» benutzt werden sollen. Viel Aufklärung, Vertrauen, Elterngespräche und evtl. auch Hospitationen in bestehenden Klassen sind notwendig, um diesen Versuch gelingen zu lassen.

Wichtige Bedingungen für das Gelingen einer Jahrgangsmischung sind außerdem noch:

- Die Gruppenstärke des einzelnen Jahrgangs darf nicht kleiner als 8-12 sein, damit die Kinder noch genügend Auswahl an Freunden bzw. Freundinnen finden. Auch die Anzahl der Jungen und Mädchen sollte ausgeglichen sein.
- Die Gruppenstärke beider Jahrgänge muß etwa gleich groß sein.

Von 10 Klassen arbeiten in diesem Schuljahr fünf jahrgangsgemischt und fünf in reinen Jahrgängen. Unsere Bestrebungen gehen aber dahin, vom nächsten Schuljahr an mehr jahrgangsgemischte Klassen einzurichten.

Wir sind an unserer Schule mit dieser Lösung der Zweierkombination recht zufrieden, doch immer wieder gibt es Stimmen, die sagen, eine Kombination mit drei Lerngruppen würde die Vorteile der Jahrgangsmischung noch erhöhen. Ich denke, daß wir also offen bleiben werden für andere mögliche Lösungen, nicht zuletzt die 6jährige Grundschule, die diese Kombination in jeweils drei Lerngruppen sehr einfach möglich machen würde.

Literatur

M. Montessori: Spannungsfeld Kind – Gesellschaft – Welt. Freiberg 1979

Karin Rösgen

Die Einführung des jahrgangs-übergreifenden Arbeitens
Auf der Suche nach der richtigen Kombination

Im Schuljahr 1991/92 übernahm ich als Schulleiterin die Gemeinschaftsgrundschule Bensberg mit Montessori-Pädagogik. Diese Schule wurde aufgrund einer Elterninitiative im Schuljahr 1990/91 gegründet. Bei Amtsantritt fand ich zwei Kolleginnen vor, die ein Jahr lang in zwei kleinen Parallelklassen im ersten Schuljahr gearbeitet hatten; eine kritische und engagierte Elternschaft; Neuanmeldungen für zwei zu bildende Jahrgangsklassen und eine weitere engagierte Kollegin, die gemeinsam mit mir begann.

Schon vor den Sommerferien '91 teilten mir die Kolleginnen mit, daß die Eltern den Wunsch nach jahrgangsübergreifendem Arbeiten geäußert hätten. Da meine Bestätigung zur Übernahme dieser Schule aber erst in den Sommerferien erfolgte, sah ich keine Möglichkeit, ohne Rücksprache mit der Elternschaft das jahrgangsübergreifende Arbeiten ad hoc einzuführen. Dieses Thema wurde jedoch der pädagogische Schwerpunkt für unser Kollegium im Schuljahr 91/92. Wir hospitierten an verschiedenen Schulen mit unterschiedlichen Konzepten in Bonn, Köln und Neuss und diskutierten über die Vor- und Nachteile der verschiedenen Modelle. Einigkeit herrschte bei allen darüber, daß die sinnvollste Zusammensetzung aus den Klassen 1/2/3 und 4/5/6 entstehen würde, wie Maria Montessori und Peter Petersen es vorsahen. Dieses Konzept läßt sich aber nur in einer 6jährigen Grundschule verwirklichen. Alle anderen Konzepte können sich daran nur orientieren. Die Festsetzung der Schwerpunkte und die Wahl des jeweiligen Modells ist auch abhängig von dem Standort der jeweiligen Schule.

Aufsteigende Stammgruppen

Da mein Kollegium bis auf eine Kollegin keine praktischen Erfahrungen mit jahrgangsübergreifendem Arbeiten besaß, entschieden wir uns auch aufgrund unserer Unsicherheit bezüglich des jährlichen Gruppenwechsels für ein Konzept, das 2 Jahrgangsklassen zusammenfaßt und gemeinsam über drei Jahre aufsteigen soll:

1. Jahr	2. Jahr	3. Jahr
1/2	2/3	3/4

Im 4. Schuljahr sollte dann eine Gruppe des 1. Schuljahres hinzukommen (d. h. 4/1).

Einer unserer Hauptgründe für dieses aufsteigende Modell war, die Stammgruppen möglichst langfristig zusammenzuhalten. Wir hatten Sorge, daß das jährliche Wechseln von Gruppenmitgliedern und teilweise auch der Lehrperson zu große Unruhe in den Kombinationsklassen bewirken würde. Dabei war uns klar, daß wir damit auf den Wechsel der Positionen innerhalb der Lerngruppe (vom Helfenden zum Hilfe-Empfangenden bzw. vom jüngeren zum älteren Schüler) zugunsten der Stabilität innerhalb der Gruppe verzichten mußten.

In einer Schulgemeindeversammlung stellten wir vor den Osterferien 1992 der Elternschaft unser Konzept vor. Dazu luden wir Experten ein, die den Eltern durch Erfahrungsberichte die Ängste vor der Änderung nehmen sollten.

Für das Schuljahr 1992/93 hatten wir genügend Neuanmeldungen für zwei Parallelklassen. Wir überlegten uns, wie wir möglichst ohne viele Klassen aufteilen zu müssen und dadurch Unruhe in die Schule zu bringen, unser Konzept realisieren konnten. Das Kollegium stand geschlossen hinter dem Konzept, allerdings mußten wir berücksichtigen, daß wir in den nächsten beiden Jahren noch mindestens vier Kolleginnen dazu bekommen würden.

Wir hatten nun die Möglichkeit, unser Konzept auf zwei verschiedene Arten einzubringen,

a) durch Auflösung der vorhandenen Klassen 2 und 3 zu den Kombinationsgruppen 2/3 (vier Parallelgruppen) und der Bildung von zwei reinen 1. Schuljahren

   1992/93: 1a 1b 2/3a 2/3b 2/3c 2/3d

b) der Beibehaltung der Klassen 3, sowie der Auflösung der Klassen 2 und der Kombination mit den Schulanfängern zu vier Parallelgruppen 1/2

   1992/93: 1/2a 1/2b 1/2c 1/2d 3a 3b

Aufgrund der Tatsache, daß wir selber wenig praktische Erfahrung hatten, entschieden wir uns für die Variante b), um gemeinsam den Anfang zu wagen.

Es fand eine heiße Diskussion in der Elternschaft statt, da einige Initiativ-Eltern dieser Schule sich durch unsere Entscheidung benachteiligt fühlten, da die reinen Jahrgangsklassen nicht mehr an der Erfahrung des jahrgangsübergreifenden Arbeitens teilhaben konnten. Trotzdem gelang es uns, einen einstimmigen Schulkonferenzbeschluß für unser Konzept herbeizuführen, der durch die untere und obere Schulaufsicht unterstützt wurde.

Um die gute Zusammenarbeit im Kollegium weiterhin zu stabilisieren, streckte ich meine Fühler nach neuen Kolleginnen aus. Es gelang mir, eine Kollegin aus Köln für unser Kollegium zu gewinnen,mit der ich lange Jahre zusammengearbeitet hatte. Eine weitere Kollegin war seit Gründung der Schule an einem Wechsel zu unserer Schule interessiert und konnte nun auch zu uns kommen. Gott sei dank fand ich einen Schulrat vor, der unserer Arbeit sehr offen gegenüberstand und meine Bemühungen um ein starkes Kollegium unterstützte.

Die beiden ersten Schuljahre wurden in jeweils zwei Gruppen mit möglichst gleichen Bedingungen (Anteil Mädchen/Jungen; leistungsschwache/leistungsstarke Schüler) aufgeteilt unter besonderer Berücksichtigung von Kinderfreundschaften. So begannen wir das Schuljahr 1992/93 mit vier parallelen Kombinationsklassen 1/2 und zwei reinen 3. Schuljahren.

Auch die im Schuljahr 1993/94 hinzukommenden Lehrerinnen wurden von mir ausgesucht und fanden durch die Unterstützung des Schulrats den Weg in unser Kollegium. In diesem Schuljahr führten wir die Kombinationsklassen und Jahrgangsklassen weiter.

1993/94	1a	1b	2/3a	2/3b	2/3c	2/3d	4a4b

Da die Viertkläßler nur noch ein Jahr bei uns blieben, einigten wir uns mit den Eltern darauf, daß wir für dieses Jahr die 4. Klasse nicht mehr aufteilen und mit dem ersten Schuljahr kombinieren würden. Ein weiterer Grund dafür bestand auch darin, daß sich sowohl in der Elternschaft als auch im Kollegium große Unsicherheit bezüglich der 4/1 Kombination breit machte. Dies führte dazu, daß wir uns im Frühjahr 1994 – nach 1 1/2jähriger praktischer Erfahrung im Umgang mit jahrgangsübergreifendem Arbeiten – wieder kritisch mit unserem Konzept auseinandersetzten.

Kombinationsklassen

Im Kollegium erarbeiteten wir die Vor- und Nachteile unseres Modells. Das soziale Lernen in den Kombinationsklassen wurde als positiver Aspekt besonders hervorgehoben.

Beispiele: In der Eingangsphase war es sowohl für die Schüler des ersten Schuljahres als auch für die Lehrpersonen eine Erleichterung, daß sich die Kinder an der Gruppe der Zweitkläßler orientieren konnten. Der Wettbewerbsdruck unter den Kinder wurde spürbar geringer.

Unsere Erwartungen wurden weitgehend bestätigt, obwohl alle Kolleginnen das Gefühl nicht los wurden, mehr als je zuvor zu arbeiten.

Das verstärkte sich besonders in der Kombinationsgruppe 2/3. Der Leistungsdruck ging in starkem Maße von der Elternschaft auf uns über. Wir hatten große Sorge, ob wir auch allen Kindern immer gerecht wurden. Hinzu kam, daß wir die Leistungsunterschiede der Zweit- und Drittkläßler als gravierend empfanden, was besonders durch unser eher konservatives Umfeld gestützt wurde. Spätestens vom 3. Schuljahr an blickt man auf die weiterführende Schule und vergleicht die Anforderungen dieser (sprich: Gymnasium) mit denen der Grundschule.

Wir stellten fest, daß

- die Leistungsfähigkeit der Kinder der Klassen 1/2 und der Klassen 3/4 näher beieinander liegen,
- wir uns in einem Umfeld befinden, in dem der größte Anteil der Kinder aus sicheren und stabilen Verhältnissen kommt,
- der Leistungsanspruch der Eltern enorm hoch ist.

Aufgrund dieser Feststellungen näherten wir uns dem Konzept jahrgangsübergreifenden Arbeitens in den Gruppen 1/2 und 3/4 an.

Aus unterschiedlichen Gründen, die ich hier kurz zusammenfassen will, erarbeiteten wir ein Kombinationsmodell aus vier reinen Jahrgangsklassen (1 bis 4) und jeweils zwei Kombinationsklassen 1/2 und 3/4:

- Wir sind eine kleine Schule mit nur minimaler Lehrerstundenzahl. Für Kombinationsklassen benötigt man mehr Lehrerstunden als für reine Jahrgangsklassen. Um in allen Jahrgängen übergreifend arbeiten zu können, fehlen uns Lehrerstunden.
- Auch in unserer Schule gibt es Kinder, die über einen längeren Zeitraum die Sicherheit eines Klassenverbandes benötigen.
- Obwohl alle Kolleginnen das Konzept des jahrgangsübergreifenden Arbeitens unterstützten und sich auch niemand gegen Fachunterricht in einer Kombinationsklasse wehrt, gibt es bei einigen Kolleginnen Ängste, eine solche Klasse zu führen.

Nachdem wir uns im Kollegium geeinigt hatten, wer welche Klasse übernehmen würde, beriefen wir erneut eine Schulgemeindeversammlung ein. Auch die Eltern sollten in dieser Versammlung ihre Erfahrungen mit dem jahrgangsübergreifenden Arbeiten einbringen. Ähnlich wie in der Lehrerschaft wurde der soziale Aspekt des Lernens als sehr positiv gesehen, es gab aber Ängste, ob eine adäquate Förderung der kognitiven Leistungen möglich sei. Auch die Eltern waren der Meinung, daß es Kinder gäbe, die die Sicherheit einer festen Klassengemeinschaft bräuchten, sowie Kinder, die in jahrgangsübergreifenden Klasse bestens gefördert werden könnten.

Im Anschluß daran erläuterten wir den Eltern unser Konzept und versuchten, Fragen aus der Elternschaft zu beantworten. In der Schulkonferenz wurde schließlich das folgende Konzept einstimmig beschlossen:

1994/95	1a	1b	2a	2b	3/4a	3/4b	3/4c	3/4d
1995/96	1a	1/2a	1/2b	2a	3a	3/4a	3/4b	4a
usw.								

Fazit:
Die Einführung des jahrgangsübergreifenden Arbeitens setzt eine offene und vertrauensvolle Arbeit im Kollegium voraus, in der die Ängste und Sorgen einzelner berücksichtigt und ernstgenommen werden müssen. Gemeinsame Hospitationen an Schulen, die auf diese Art arbeiten, und Diskussionen mit anderen Kollegien können bei der Diskussion um ein Konzept sehr hilfreich sein.

Die Unsicherheiten innerhalb des Kollegiums sollten weitestgehend überwunden sein, bevor man mit den Eltern diskutiert.

Um die Ängste in der Elternschaft abzubauen, ist es nötig, vielfältige Informationen zu bieten und Diskussionen zuzulassen.

Elise Kentner

Vom Scheitern und Gelingen pädagogischer Innovationen

Sich mit einer Schule auf den Weg zu machen heißt viele mitzunehmen auf eine Wanderung voller Hindernisse, Umwege, Abenteuer, Entdeckungen und vereinzelter Erfolge zu einem Ziel, das in unseren Köpfen und Herzen eine demokratische Menschenschule ist. Wollen das denn überhaupt alle?

Als ich 1990 als Rektorin an meine Schule kam, fand ich ein heterogenes Kollegium vor, das sich deutlich in zwei Gruppen schied, in die der «Normalen» und die der «Spinner». Die «Normalen» arbeiteten ordentlich in Jahrgangsklassen, die «Spinner» etwas undurchschaubar in jahrgangsübergreifenden Gruppen. Die Beschreibung der Lehrerinnen und Lehrer, die übergreifend arbeiteten, gipfelte in der Aussage der Konrektorin: «Denen dürfen Sie niemals einen Schlüssel geben, die verlieren alles!» Nun, dies war ein Schlüsselerlebnis und ließ mich besonders wachsam werden für die Worte, mit denen an der Schule umgegangen wurde. Es gingen viele «Unworte» um, besonders das der «Mischklasse» oder der «Kombiklasse» – und, um es noch zu steigern, hieß es, einige arbeiteten nach dem «Petersen-*System*». Wenn die Begriffe so wenig stimmen, sollten wir innehalten und nachfragen. Mir wurde deutlich, daß alles, was ich zu tun beabsichtigte, in eine transparente Sprache gebracht werden mußte.

An einem der ersten Elternabende wurde ich nach meinem Verständnis von Leistung gefragt. Leistung sei mir sehr wichtig, und ich fordere sie auch von den Kindern ein – aber ohne Druck und nur die Leistung, die das einzelne Kind zu dieser Zeit erbringen könne. Damit war die Gruppierung in der Elternschaft eingeleitet. Zielorientierte, auf meßbare Leistung angelegte Eltern forderten vehement die Jahrgangsklasse für ihr Kind oder meldeten es zu einer Konfessionsschule um. Die Eltern, denen es wichtig war, daß Schule ein Lebensraum für ihr Kind sei, die kein «Klassendenken» vom Helferprinzip abschreckte, unterstützten die Einrichtung weiterer jahrgangsübergreifender Stammgruppen. Diese Elterngruppe war auch stark in der Arbeit des Fördervereins der Schule eingebunden. Das trug Früchte von der Gestaltung des grauen Schulhofs bis zur Einrichtung einer Übermittagsbetreuung.

Der organisatorische Weg war durch die Einstellung des Kollegiums und die Aussagen der Eltern für die nächste Zukunft vorgegeben. Wir würden mit beiden Lerngruppen weiterarbeiten, den jahrgangsbezogenen und den jahrgangsübergreifenden.

Inhaltliche und räumliche Veränderungen

Wir beließen den Rahmen, begannen aber damit, Inhaltliches zu ändern. Dazu gab es bald eine Gelegenheit. Die Stelle des Konrektors war durch Beförderung der Vorgängerin frei geworden. Auf diese Stelle bewarb sich ein Kollege, der die erste stufenübergreifende Gruppe gebildet hatte. Zu seiner Revision wählte er als Thema für die Konferenz die Feier. Zunächst sollte dies als Geburtstagsfeier für alle Kinder der Schule eingeführt werden – in der Hoffnung, daß diese Feier als andauerndes Projekt sich inhaltlich würde ausweiten lassen durch Beiträge der Kinder aus ihren Klassen.

Ein weiteres Projekt nahmen wir in Angriff mit der Entwicklung einer Schulbroschüre. Bei dieser Teamarbeit des gesamten Kollegiums wurde deutlich, daß wir an dem festhalten wollten, was sich schon bewährt hatte – und davon gibt es in jeder Schule einiges, aber daß wir auch neuen Ideen und Versuchen einen Raum zugestehen werden. Da verabschiedeten sich z. B. die Fibeln zugunsten von «Lesen durch Schreiben», die Meterware an Kopierfolien wurden entsorgt und eigene Sammlungen zu Projekten kamen an ihrer Stelle ins Regal.

Vergleichsweise harte Kämpfe gab es im Sportbereich, als einige wagten, die Bundesjugendspiele infrage zu stellen und statt dessen ein Spielefest zu feiern. Mit der Aussage der Sportlehrerin: «Jetzt dürfen die im Sport auch nichts mehr leisten!» waren die Fronten klar. Übrigens, die «Spieler» setzten sich, von begeisterten Elternhelfern unterstützt, durch.

Auch äußerlich veränderte sich einiges. Die Eltern verwandelten den Schulhof in einen anregungsreichen Spielhof. Die Mittel dazu hatte der Förderverein beschafft. In den Klassen werkelten die neuen Zimmerleute, sie bauten große Gruppentische und passende Sitzbänke. Regale und Schränke zogen öfter um als in ihrem bisherigen Schuldasein. Klassentiere zogen in Käfigen oder Aquarien ein, und eine Künstlerin baute mit einigen Kindern Großfiguren für die Eingangshalle. Die PCB-Belastung unserer Deckenplatten machte eine Entsorgung notwendig und damit den komplett neuen Innenanstrich der Schule. Nun lohnte es sich, aus der kleinen Aula einen Feierraum zu gestalten mit geeigneter Beleuchtung und Tonverstärkern bis zu einem Podest.

Erschreckend fiel das Lehrerzimmer ab, es war einrichtungsmäßig im vorigen Jahrhundert und in der Nachkriegszeit liegen gelassen worden. Dessen Neugestaltung wurde zu einer nicht zu unterschätzenden Teamarbeit – auch gegen den Widerstand derjenigen, die meinten, ein gemütliches Lehrerzimmer würde ja nur meine Konferenzen verlängern. Wir hatten schon den Runden Tisch, ehe er in der Politik zu Ehren kam – auf eigene Kosten.

Wenn man sich als Schule auf den Weg macht, dann gehören *alle* dazu, besonders der Hausmeister und die Reinigungsfrauen. Unser Hausmeister hatte überhaupt keinen Raum in der Schule außer einer Fensterbank für die Post und einen Raum für die Milchausgabe. Mit größtem Behördenaufwand hat er nun eine «Loge», die allerdings so klein ist, daß er ein Schild «Bitte nicht füttern» entworfen hat.

Die Reinigungsfrauen müssen wir oft trösten, wenn sie mal wieder mit dem Besen nicht am großen Tisch vorbeikommen oder der Streu von den Tieren vom Tierdienst nicht gut weggefegt ist. Ganz wichtig wurden Gespräche mit ihnen, als wir Sitzbälle anstelle der Stühle in den Eingangsklassen anschafften.

Erste Erfolge

Fünf Jahre sind seitdem vergangen. Wir haben die Jahrgangsklassen auslaufen lassen und keine neuen mehr gebildet. Der Übergang war organisatorisch nicht ganz einfach, denn zeitweilig hatten wir neben den stufenübergreifenden Gruppen halbe Stammgruppen, für die erst im Jahr darauf Partner da waren, und wir hatten aufsteigende Stammgruppen, um diesen Kindern zu häufigen Lehrerwechsel zu ersparen.

Die Eltern stimmten mit den Füßen ab für unsere Schule, die Anmeldezahlen schnellten in die Höhe. Wichtig war uns allein, möglichst verläßliche Stammgruppen zu bilden. Wir bilden aus je einer Eingangsstufe 1/2 und einer Grundstufe 3/4 eine Einheit. Die bewährt sich bei Klassenfahrten ebenso wie bei gemeinsamen Stammtischen oder Grillfesten. Eltern, Lehrer und Kinder bleiben so über die vier Jahre der Grundschule nah verbunden.

Natürlich gab es auch bei uns Veränderungen im Kollegium. Einige haben sich versetzen lassen, andere sind nur geblieben, weil sie erst in einer halben Stammgruppe Fußfassen konnten für die veränderten Arbeitsbedingungen in einer übergreifenden Gruppe. Es ist bei uns wie überall, niemand hat grundsätzlich etwas gegen einen Wandel, der Widerstand beginnt, wenn sie spüren, daß sie sich wandeln müssen (s. J. F. Hartkemeyer in SDZ vom 22./23.10.94 – Suche nach zeitgemäßen Lernräumen).

Viele Veränderungen stehen uns noch bevor, wenn wir uns weiterhin selbst auf neue Lernwege begeben. Als Kölnern fällt es uns nicht schwer, ein Motto zu finden, also haben wir uns jetzt für unser Kollegium die Losung ausgegeben: «Laßt es uns mal versuchen, wenn es nicht klappt, können wir es wieder ändern».

Friedemann Mauerer sagt in seinem Aufsatz «Vergißt die Schule unsere Kinder?» besser als ich das für uns sagen könnte: «Schule kann jeweils nur das wert sein, was in ihr die Beziehungen des Menschen zum Menschen wert sind».

Ingrid Schweitzer

Beratende Unterrichtsbegleitung als Fortbildung für Lehrerinnen

«Altersgemischte Klassen – das kenne ich. Ich habe mein erstes Praktikum in einer zweiklassigen Grundschule gemacht. Damals mußte ich im dritten/vierten Schuljahr unterrichten. Das waren Unterschiede! In der anderen Klasse saßen die Erst- und Zweitkläßler.» Die Kollegin, die sich in Verbindung mit dieser Äußerung in der Kennenlernrunde einer Fortbildungsveranstaltung vorstellte, war nicht die einzige Lehrerin in der Gruppe, die zum Stichwort «altersgemischtes Lernen» mit ihren Erinnerungen eine Verbindung zwischen Vertrautem und Neuem zu schaffen versuchte.

Es mag durchaus Anknüpfungspunkte an jahrgangsübergreifendes Arbeiten der früheren kleinen Landschulen geben, doch ist das dem damaligen Abteilungsunterricht zugrundeliegende Verständnis ein anderes.

Dennoch werte ich die Äußerung der Kollegin als positive Erwartungshaltung. Steckt doch dahinter gewissermaßen *eine* wichtige Voraussetzung für die Veränderung von Organisation, Struktur und Inhalt des Unterrichts in altersgemischten Klassen, nämlich die Bereitschaft, Unterschiede der Kinder – zunächst bezogen auf das Lebensalter – zuzulassen.

«Ein Lernen durch Verschiedenheit scheint vielen LehrerInnen abwegig zu sein, weil es dem traditionellen Verständnis des Lehrens und Lernens widerspricht» (Laging 1995, S. 9).

Hier wirkt die lange Zeit nicht in Frage gestellte, durch alle an Schule Beteiligten, durch Bildungspolitik und Pädagogik verstärkte Einstellung, die Homogenität einer Lerngruppe sei am besten durch die Jahrgangsklasse gewährleistet. Abweichungen glaubte man durch «didaktische Reparaturschleifen» (Brügelmann 1988, S. 2) retten zu können.

«Seine (des Lehrers, I. S.) Einstellung ist für den Erfolg in jahrgangskombinierten Klassen nicht weniger wichtig als sonst auch. Es wird also notwendig sein, bei der Einführung von jahrgangskombinierten Klassen zuerst die Lehrerschaft durch Fortbildungsveranstaltungen, Konferenzen, im persönlichen Gespräch, durch den Kontakt mit schon praktizierenden Kollegen oder

durch Hospitationsmöglichkeiten in jahrgangskombinierten Klassen von den Möglichkeiten dieser Unterrichtsorganisation zu überzeugen» (HEUSS 1989, S. 72).

Die Veränderung der Einstellung kann sich aber keinesfalls auf den Organisationsaspekt beschränken, wenn mit altersgemischten Lerngruppen eine andere Pädagogik vertreten werden soll: Dann erhält nämlich die veränderte Einstellung die Funktion einer grundsätzlichen Voraussetzung.

«Anders gesagt: Solange mit Altersmischung nicht die entschlossene Öffnung des Unterrichts für die je eigenen Stärken und Schwächen, Interessen, Bedürfnisse und Entwicklungen einzelner Kinder einhergeht, ist sie eine pädagogisch nützliche Maßnahme zur Stärkung sozialer Tugenden, zur Rettung kleiner Schulen, zur Gliederung großer Klassen, zur Bereicherung des Schullebens und zur Entlastung der Lehrer, nicht aber jene Reform, die wir vollziehen müssen, wenn es uns ernst ist mit dem Anspruch, jedem einzelnen Kind gerecht werden zu wollen» (BAMBACH 1995, S. 40).

Begleitende, beratende und reflektierende Fortbildungsmaßnahmen sollten daher auf jeden Fall folgenden Inhalt haben:

- Das Kind als Mensch (nicht nur als «Schüler») in seiner Lebenswelt und in der Schule
- Eine neue Rolle der Lehrerin oder des Lehrers: eher «Regisseur» und nicht mehr «Hauptdarsteller»
- Möglichkeiten situativer Weiterentwicklung konzeptioneller Modellvorstellungen
- Neue Ansätze zur Differenzierung
- Zusammenarbeit mit Kolleginnen und Kollegen.

Viele Lehrerinnen und Lehrer, die neue Wege für ihre pädagogische Arbeit suchen, haben mehrjährige Unterrichtserfahrungen und stellen sich bewußt einer veränderten Situation. Diese gilt es seitens der Schulleiterinnen und Schulleiter, die an ihren Schulen veränderte Strukturen schaffen möchten, zu bedenken und muß auch hinsichtlich der Gestaltung von Fortbildung Konsequenzen haben: Wenn Lehrerinnen und Lehrer nicht beim Althergebrachten verharren möchten, sollte ihnen zunächst einmal an ihren Schulen der als belastend empfundene ständige Rechtfertigungsdruck genommen werden.

Fortbildung kann sich dabei nicht auf die herkömmlichen Veranstaltungen beschränken, sondern muß verstärkt durch Formen reflektierter Praxis Schritte auf dem Weg der Veränderung begleiten, zum Beispiel durch Konferenzen, persönliches Gespräch, Kontakt mit schon praktizierenden Kollegen, Hospitationsmöglichkeiten in jahrgangskombinierten Klassen, insbesondere aber auch die regelmäßige beratende Unterrichtsbegleitung vor

Ort: Hierbei kann durch Weiterentwicklung der Selbstkompetenz, durch Arbeit an der individuellen Situation von Schule, Klasse, ggf. Team und Kollegium oft mehr an Veränderung der pädagogischen Einstellung erreicht werden als durch Seminare am «neutralen Ort» der Fortbildungsinstitute.

Unterrichtsbegleitende Fortbildung in Brandenburg

Am Beispiel eines Projektes mit jahrgangsübergreifendem Unterricht als alternativem Einschulungsmodell in Brandenburg will ich versuchen, eine Möglichkeit der Fortbildung als situationsorientierter, beratender Unterrichtsbegleitung darzustellen:

In fünf Klassen an zwei Schulen wurde 1992 mit einer empirischen Erprobung des alternativen Einschulungsmodells begonnen und 1993/94 erweitert. Das in Zusammenarbeit mit dem PLIB initiierte Projekt wurde vom Ministerium für Bildung, Jugend und Sport als «abweichende Organisationsform» genehmigt und wird weiterhin vom Pädagogischen Landesinstitut Brandenburg wissenschaftlich beratend begleitet. Meine Funktion als fortbildende Lehrerin bestand hauptsächlich in gewünschter regelmäßiger unterrichtspraktischer Beratung vor Ort.

«Die Schüler des ersten und zweiten Schuljahres sind organisatorisch in einer flexiblen Schuleingangsstufe zusammengefaßt und verbleiben in dieser in Abhängigkeit ihres individuellen Lern- und Entwicklungstempos. Die Schüler leben und lernen in altersgemischten Gruppen. Diese Organisationsform der Schuleingangsstufe erzwingt die kindgemäße Gestaltung des Anfangsunterrichts, in der die individuell unterschiedlichen Lernvoraussetzungen der Kinder durch Binnendifferenzierung und Individualisierung berücksichtigt werden müssen und das soziale Lernen einen anderen Stellenwert als im traditionellen Unterricht hat. Durch die Zusammenfassung der Kinder von Klasse 1 und 2 in der Eingangsstufe ist es möglich, alle Schulpflichtigen einzuschulen, weil der Übergang in die 3. Klasse erst dann erfolgt, wenn die erforderlichen Voraussetzungen dafür gegeben sind. Die überwiegende Zahl der Kinder kommt nach zwei Jahren in die dritte Klasse. Einige besonders gut entwickelte Kinder erreichen dieses Ziel bereits nach einem Jahr, andere erst nach drei Jahren. Die Schulvorbereitung in Vorklassen u. ä. m., wie sie in manchen Bundesländern praktiziert wird, entfällt. Diese Aufgabe übernimmt die altersheterogene Eingangsstufe» (Material des PLIB Ludwigsfelde 1994).

Beim Vergleich dieses Projektes mit Modellversuchen aus anderen (alten) Bundesländern ist zu beachten, daß in Brandenburg eine völlig andere Ausgangssituation herrschte: Schulleitung und Lehrerinnen, aber auch Eltern gewinnen gleichzeitig Erfahrungen mit einer veränderten Klassenorganisationsform *und* mit individualisierendem Lernen und binnendifferenzierten Unterricht. Daraus resultierende Probleme gilt es aufzuarbeiten, wobei ich durch meine punktuelle Beauftragung lediglich mit den Lehrerinnen und teilweise mit der Schulleitung zusammenarbeiten konnte.

Die Veranstaltungen erstreckten sich jeweils über 1 1/2 Tage und umfaßten:
- Vorgespräch
- Unterrichtsbesuch in den Klassen
- Nachgespräch.

Die Kolleginnen nannten bereits vorher bestimmte Probleme oder Themen, die sie in den Mittelpunkt stellen wollten:

- Hilfen bei Konzepten zur Raumgestaltung
- Anregungen für Unterrichtsformen, -inhalte, -mittel – bezogen auf die Klassensituation und die Bedürfnisse einzelner Kinder
- Organisation von Teamarbeit (für doppelt besetzte Stunden) und Kooperation mit den Jahrgangskolleginnen
- Stärkung beim Umgang mit der neuen Rolle als Lehrerin
- Hilfen bei der Elternarbeit.

Außerdem blieb Zeit zur Diskussion aktueller Gegebenheiten.

Die Vorgespräche dienten zunächst in der Hauptsache der Darstellung positiver und negativer Aspekte der neuen Arbeit. Es konnte so Frust abgebaut werden, der sich aus z. T. nicht optimalen räumlichen und sächlichen sowie stundenplantechnischen Bedingungen ergab. Die Kolleginnen hatten die Möglichkeit, über manchmal fehlendes Verständnis im Kollegium zu sprechen, und konnten ihre Bedenken hinsichtlich der Richtigkeit allgemeiner oder besonderer pädagogischer Entscheidungen äußern. Gleichzeitig wurde auch begeistert über die veränderte Organisationsform und andere Unterrichtsgestaltung und die damit verbundene neue Einschätzung der eigenen pädagogischen Fähigkeiten berichtet. Die Öffnung des Unterrichts wurde als «Lernen mit den Kindern» empfunden und als ein *erster* Schritt auf einem Weg gesehen, den die Lehrerinnen weitergehen wollen. Weil ich genau wie sie in der Unterrichtspraxis stehe und ihre Schilderungen vor dem Hintergrund des eigenen Schulalltags mit heterogenen Klassen bestätigen, relativieren und hinterfragen konnte, gestalteten sich die Gespräche als Austausch zwischen gleichberechtigten Kolleginnen und nicht als «Belehrung von außen ohne Praxisbezug».

Diese Konstellation kam auch während der Hospitation am Unterrichtsvormittag zum Tragen. Ich lernte die einzelnen Klassen, «besondere» Kinder, Gruppen und die Lehrerinnen in verschiedenen Situationen kennen und wurde als «Besuchslehrerin» in den jeweiligen Ablauf integriert, so daß zu keiner Zeit der Eindruck einer «Visitation» entstand.

In den Nachbesprechungen arbeiteten wir konkret an den erfragten Möglichkeiten der Weiterentwicklung von Differenzierung und Ansatzpunkten für eine Verstärkung jahrgangsübergreifender Inhalte und Unterrichtsorganisation. Fächerübergreifendes Arbeiten und projektorientierte Ansätze durchdachten wir anhand der am Vormittag erlebten Unterrichtsthemen. Ich konnte die Lehrerinnen in ihren Einschätzungen bestätigen: Das soziale Lernen der Kinder erscheint weiter entwickelt als in herkömmlichen Klassen; die Kinder besitzen ein hohes Maß an Selbständigkeit und Arbeitsdisziplin bei ihren unterschiedlichen Aufgaben und zeigen sich hochmotiviert und lernfreudig. Es gelingt den Lehrerinnen zudem, Probleme einzelner Kinder besser als in Jahrgangsklassen aufzufangen.

Die Unzufriedenheit der Kolleginnen mit den Einsatzmöglichkeiten herkömmlicher Schulbücher und der überwiegenden Verwendung von Arbeitsblättern bildete Ansatzpunkt zum Nachdenken über Materialangebot und Veränderung von Arbeitsformen, die der neuen Klassenstruktur eher entsprechen und Möglichkeiten zur Weiterentwicklung der Öffnung von Unterricht erleichtern könnten. Dadurch wäre auch der Umgang mit unterschiedlichen Lernwegen der Kinder leichter. Es sollte den Lehrerinnen bewußt werden: «Wenn nämlich in der altersgemischten Gruppe alle Kinder des Jahrgangs vor denselben Arbeitsblättern sitzen oder denselben Wochenplan bekommen, sind Vielfalt und Reichtum möglicher Arbeitsbeziehungen und Interessenverknüpfungen radikal beschnitten» (BAMBACH 1995, S. 40).

Eine Belastung stellte für die Lehrerinnen der Gedanke an die Begrenzung des Projekts auf zwei Schuljahre dar. Sie befürchteten, die positiven Entwicklungen der Kinder könnten zunichte gemacht werden, wenn sie in Klassen mit herkömmlichen Unterrichtsstrukturen und Ansprüchen von Pädagogen weiterlernen sollten. Die Ausdehnung des Projektansatzes auf die gesamte Grundschulzeit hielten sie für notwendig. Vorstellbar blieb auch die «Mitversetzung» einer Kollegin in das dritte Schuljahr. Wenn die Schulleitung die jahrgangsübergreifende Eingangsphase aktiv unterstützt, wenn an einer Schule alle ersten Klassen am Projekt beteiligt sind, ist eine Weiterentwicklung leichter denkbar und umsetzbar, als wenn zusätzlich die Möglichkeit «herkömmlichen» Anfangsunterrichts gegeben ist.

Die «Rückmelderunden» am Ende des Nachgesprächs zeigten, daß durch unterrichtsbegleitende Fortbildung zwar nur einige Probleme des Schulalltags in der altersgemischten Klasse gelöst werden konnten, zu diesen Ergebnissen aber sind wir durch gemeinsam reflektierte und diskutierte Erfahrungen gekommen. Die Kolleginnen bestätigten mir, sich nach diesen Veranstaltungen sicherer im Unterricht und gegenüber anderen LehrerInnen und Eltern zu fühlen. Die veränderte Arbeit bewirkte bei den meisten eine neue Einstellung zu Kind und Schule, die sie nicht rückgängig machen wollten. Für eine Weiterentwicklung auf diesem Weg wünschten sie sich häufigere Unterstützung in der Form beratender Unterrichtsbegleitung.

Literatur

BAMBACH, HEIDE: Weder Gewähr noch Bedingung. In: Die Grundschulzeitschrift Heft 84/1995

BRÜGELMANN: Schafft die Jahrgangsklasse ab. In: Die Grundschulzeitschrift 13/1988

HEUSS, GERTRAUD E.: Jahrgangskombinierte Klassen in der empirischen Forschung. In: Grundschule 7+8/1989

LAGING, RALF: Altergemischtes Lernen. In: Die Grundschulzeitschrift 84/1995

Uta Gehrmann

Motor – Bremse – Katalysator

Zur Rolle der Schulaufsicht

Im Mittelpunkt der Fachtagung in Mainz standen Erfahrungsberichte von Schulleiterinnen und Schulleitern mit jahrgangsübergreifenden Klassen oder Lerngruppen. Alle Berichte zeigten Ansätze und pädagogische Chancen auf, die die Arbeit mit jahrgangsheterogenen Gruppen eröffnen, und machten Mut, einen Neuanfang zu wagen – wie auch immer. Tenor aller Schilderungen war, daß zweifellos Schulleitung und Schulaufsicht die wichtigsten Schaltstellen im Veränderungsprozeß darstellten, die Weiterentwicklung genauso gut verlangsamen, hemmen und blockieren wie sie anstoßen, initiieren, vorantreiben und fördern können.

Da in auffällig vielen Beiträgen schulaufsichtliches Handeln mehr als Bremse denn als Motor geschildert wurde und ich erstmalig nicht mehr als Schulleiterin zum Teilnehmerkreis gehörte, sondern als «frische» Schulaufsichtsbeamtin – wenn auch vom äußeren Erscheinungsbild nicht sofort als solche zu identifizieren (weder Glatze noch in grauen Flanell gehüllt, noch männlich) – war ich für die Ausführungen über blockierende, frustrierende Erlebnisse mit Schulaufsicht sehr empfänglich und interessiert daran, grundsätzlich über die vornehmlichsten Aufgaben von Schulaufsicht zu diskutieren. Im folgenden Beitrag möchte ich zur Kernfrage «*Wie muß schulaufsichtliches Handeln gestaltet sein, wenn es der Veränderung und Weiterentwicklung von Schule gerecht werden will?*» Stellung nehmen und einige Denkanstöße geben.

Schulaufsicht 2000 – Wie die Schulleitung sie sich wünscht

Bevor ich zu den originären Aufgaben einer adäquaten Schulaufsicht komme, sei mir ein kleiner Exkurs in die Vergangenheit erlaubt, der jedoch wesentliche Zukunftsperspektiven für unser Thema aufzeigt und daher einen markanten Einstieg bietet.

Als ich mich vor einem Jahr von einer Gruppe von Schulleiterinnen und Schulleitern verabschiedete, mit denen ich lange und intensiv zusammengearbeitet hatte, waren sie voller Unverständnis für meinen Wechsel in die Schulbehörde, da sie mich als passionierte Lehrerin und Schulleiterin kannten und diese Tugend – nach herkömmlicher Meinung – nicht unbedingt als Qualitätsmerkmal für Schulaufsicht gilt. Nun gut – nachdem ich ihnen meine Erklärung für diesen «Schritt» gegeben hatte, erhielt ich von ihnen als Geschenk einen Katalog mit ihren Wünschen für eine «zeitgemäße, bedürfnisorientierte, maßgeschneiderte Schulaufsicht», die völlig meinen Vorstellungen und Ideen von schulaufsichtlicher Führung mit Kopf, Herz und Hand entspricht. Diese Forderungen begleiten mich bei meiner täglichen Arbeit und müssen regelmäßigen Überprüfungen standhalten.

12 Regeln zur Förderung von Innovation

- Höre zu anstatt zu reden
- Sei an Menschen und nicht an Macht interessiert
- Kooperiere anstatt zu kontrollieren
- Lebe demokratisches Handeln vor
- Gib keine fertigen Rezepte
- Sei sensibel für pädagogische Strömungen, Entwicklungen und Bewegungen
- Respektiere Entscheidungen
- Nimm Dir Zeit für Gespräche und Kontakte
- Lobe, ermutige und stärke
- «Flieg» nicht nur in Konfliktsituationen ein, sondern pflege die Kontakte, wann immer es Dir möglich ist
- Sei eine zuverlässige Partnerin
- Denk immer daran, daß Du auch als Angehörige der höheren Ebene nach dem Motto handelst: «Der Schule viel», «Den Lehrerinnen und Lehrern mehr», «Den Schülerinnen und Schülern am meisten».

Schulaufsichtliches Handeln und Autonomie von Schule müssen sich nicht per se ausschließen.

Eine zukunftsorientierte Schulaufsicht beinhaltet die Elemente des
- Beratens
- Fortbildens
- Gestaltens und
- Begleitens.

Wenn Schulen im Rahmen ihrer Gestaltungs- und Ressourcenverantwortung optimal professionell beraten, gestärkt und begleitet werden sollen, so erfordert dies ein hohes Maß an sozialen und kommunikativen Kompetenzen von Personen, die in der Schulaufsicht arbeiten.

Plädoyer für eine professionelle Partnerschaft

Schulleiterinnen und Schulleiter sind bekanntlich die wichtigsten Kooperationspartner von Schulaufsicht. Sie sind die eigentlich treibende Kraft für Veränderungen – ohne sie geht nichts, mit ihnen geht einiges!

Pädagogische und organisatorische Weiterentwicklung von Schule kann nicht von außen injiziert werden, sondern kann nur aus eigener, kontinuierlicher Arbeit vor Ort erwachsen.

«Die Schule ist der Motor ihrer Entwicklung» lautet das Motto von P. Dalin, einem international tätigen Schulberater. Durch Experten von außen wird den Schulen ihre Kompetenz und Verantwortung für ihre pädagogische Weiterentwicklung abgenommen; erfolgversprechender ist auf jeden Fall, wenn es gelingt, «Betroffene zu Beteiligten» zu machen.

Ziel jeglicher innovativer Arbeit kann nur sein:

- Schule als gemeinsame Aufgabe zu begreifen
- ein Wir-Gefühl (neudeutsch – Corporate Identity) durch den Prozeß gemeinsamer Arbeit zu entwickeln, der allen an Schule Beteiligten zu mehr Berufszufriedenheit und einem höheren Maß an beruflichem Selbstbewußtsein verhilft und dadurch pädagogische Kompetenz erweitert.

Pädagoginnen und Pädagogen, die einschlägige kooperationstötende Erfahrungen mit Schulaufsicht gemacht haben, reagieren verständlicher Weise äußerst vorsichtig, skeptisch distanziert und ungläubig, wenn eine junge Schulaufsichtsbeamtin sich als Beraterin, Helferin, Impulsgeberin anbietet und andere Vorstellungen von Führung und Kooperation äußert als bisher üblich waren. Konsequenz aus der genauen Ist-Analyse kann nur sein, daß in kleinschrittiger, geduldiger Arbeit – nach dem Motto «Der Weg ist das Ziel!» – ein Vertrauensverhältnis aufgebaut wird, das durch gegenseitige Wertschätzung, Akzeptanz, Gleichberechtigung und partnerschaftliches Verhalten geprägt ist.

Nur auf einer Basis des Vertrauens kann offen, kompetent und effektiv an der Weiterentwicklung von Schule gemeinsam in professioneller Partnerschaft gearbeitet werden. Vertrauensbildende Maßnahmen können durch

- Begegnungen
- Aufbau von Beziehungen
- Austausch von Erfahrungen
- Gemeinsames Handeln

angebahnt und gefestigt werden.

Das bedeutet für mich, daß ich möglichst jede Möglichkeit nutze, um eine Schule mit ihren Menschen, Besonderheiten und Bedürfnissen kennenzulernen. Bei Anlässen wie Schulfesten, Einweihungsfeiern, Jubiläen, Einschulungs- und Entlaßfeiern, Projekttagen u. v. m. kommt man – frau in gelöster Atmosphäre miteinander ins Gespräch und wird nicht nur als «Behörde», sondern auch als Mensch wahrgenommen. Diese Erstbegegnungen ermöglichen einen gegenseitigen Kennenlernprozeß – losgelöst von konkretem schulaufsichtlichem Handeln – und können dazu beitragen, Vorurteile, Unsicherheiten oder gar Ängste abzubauen oder zu vermindern.

Wertschätzung, Lob, Anerkennung und Ermutigung stehen dabei im Vordergrund, da bekanntlich Pädagoginnen und Pädagogen von Kritik – nicht nur öffentlicher – überschüttet werden, während Lob und Anerkennung eine Rarität darstellen. *«Durch Anerkennung und Aufmunterung kann man in einem Menschen die besten Kräfte mobilisieren. Nichts tötet hingegen seinen Ehrgeiz so gründlich wie Kritik von Vorgesetzten»* (D. CARNEGIE). Nicht selten hörte ich den Satz «Sie sind die erste, die mich in meiner Arbeit lobt, bestärkt und mir Mut macht». So ein Satz macht nicht nur der Lehrerin oder dem Lehrer Mut, sondern auch mir: «Denn Mut tut gut».

Nur Lehrerinnen und Lehrer, die in ihrer Arbeit bestärkt und bestätigt werden, sind motiviert und bereit, sich auf neue pädagogische Wege einzulassen, mit allen Unsicherheiten und Schwierigkeiten, und bringen so Bewegung in den Schulalltag.

Personalpflege, Qualitätssicherung und Organisationsentwicklung bilden nach Erarbeitung einer Vertrauensbasis, Festlegung und Abgrenzung der Kompetenzen sowie Akzeptanz der Rollen im System wesentliche Bausteine für die Arbeit in Schulleiterdienstbesprechungen und Fortbildungskursen.

Fazit: Personalführung wird somit zum wichtigsten Steuerungsinstrument von Schulaufsicht überhaupt. Erst auf der Grundlage der geschilderten Faktoren kann schulaufsichtliches Handeln effektiv greifen und einen Beitrag zur Weiterentwicklung von Schule leisten, da eine Schulaufsichtsbeamtin/ein Schulaufsichtsbeamter

- die Personalstruktur genau kennt
- einen Überblick über alle Schulen hat
- Einblick in Schulprofile und ihre Entwicklungstendenzen hat
- Referenten und Experten vermitteln kann, die z. B. durch Kooperation mit Hochschulen oder Lehrerfortbildungen bekannt sind
- Schulen kennt, die vielleicht ähnliche Wege beschritten haben und ihre Erfahrungen weitergeben können und Ansprechpartner sein könnten,
- grundsätzlich als Planungshelferin/Planungshelfer, Servicestation – eine Art Agentur in Sachen Schule – leitet.

Barrieren überwinden. Neue Wege finden

Anknüpfend an die Ausgangsfrage und an die Forderungen an die «Schulaufsicht 2000» möchte ich den Katalog der oben angesprochenen Regeln erweitern.

Schulaufsicht im Spiegel der Veränderung von Schule muß sich auszeichnen durch:

- ein Verhalten, das Fehler zuläßt,
- ein hohes Maß an sozialer, kommunikativer und organisatorischer Kompetenz
- Freude am Beruf
- Begeisterungsfähigkeit
- ein Verhalten, das Ängste abbaut, Sicherheit gibt und Selbständigkeit und Selbsttätigkeit fördert,
- ein positives Menschenbild
- Mut, Risikobereitschaft und pädagogisches Rückgrat.

Was kann daher aus der Sicht von Schulaufsicht wünschenswerter sein als eine Schule, die sich bewegt, wie zum Beispiel eine Schule, die jahrgangshomogene Arbeit in Frage stellt. Da Bewegung bekanntlich Bewegung nach sich zieht, bleibt die Hoffnung, daß aus starrer Schulaufsicht eine «bewegte Frau» bzw. «ein bewegter Mann» wird – ein Katalysator oder eine Katalysatorin, die/der durch seine/ihre Anwesenheit Reaktionen herbeiführt oder in ihrem Verlauf beeinflußt.

Nun denn

Carpe diem!

Frühstück (Foto: Rösgen)

IV.

Beispiele für jahrgangs-übergreifenden Unterricht

Klasse 1 und 2 bei der Freiarbeit (Foto: Rösgen)

Ernst Purmann

Von kleinen und großen Bibern oder:

Jahrgangsübergreifendes Arbeiten in der Eingangsstufe

Termine gehen durch meinen Kopf: Morgen werden die Erzieherinnen mit den Kindergartenkindern die Eingangsstufe besuchen, abends findet dann der erste Elternabend für die Väter und Mütter der Schulanfänger statt, in vierzehn Tagen ist Schulfest, in drei Wochen Zeugniskonferenz – das Schuljahresende naht...

Auf dem Weg zum Lehrerzimmer rennt mich Katarina aus Klasse 2 fast um: «Daß das mal klar ist, Herr Purmann, meine kleine Schwester wird auch ein Biber – oder?» Die merkwürdige Diktion des Satzes läßt mich schmunzeln und mit einem ebenso fragwürdigen: «Ach so!?» antworten.

Katarina gehört zu den Kindern, die 1993 die Neugestaltung der Eingangsstufe miterlebten: Aus den bisherigen Jahrgängen E1 und E2, die jeweils ca. 48 Kinder umfaßten, wurden mit Beginn des neuen Schuljahres vier jahrgangsübergreifende Gruppen mit Fünf und Sechsjährigen gebildet. Jede dieser Stammgruppen trägt einen Tiernamen. Seit diesem Datum kommen die Kindergartenkinder nicht mehr in die «Eingangsstufe», sondern voller Stolz werden sie kleine «Igel», «Biber», «Füchse» oder «Eichhörnchen», identifizieren sich bereits vor ihrem Eintreten mit der für sie eigentlich noch unbekannten Schule.

Die Eingangsstufe in Hessen – vom Schulversuch zur Regeleinrichtung

1971 wird an der Schule Vollmarshausen, einer kleinen Grundschule in der Nähe von Kassel, der Schulversuch «Eingangsstufe – differenzierte Grundschule» eingerichtet. Damit gehört sie zu insgesamt fünfzig Modellschulen in Hessen, in denen die Kinder bereits mit dem vollendeten fünften Lebensjahr aufgenommen werden und – begleitet von Lehrerin und Sozialpädagogin – in einer zweijährigen Phase durch vielfältige Formen des Spielens und Arbeitens einen gleitenden Übergang vom Kindergarten zur Schule erfahren sollen. Die Prinzipien der Eingangsstufe werden in der sich anschließenden dreijährigen Grundstufe konsequent weitergeführt, u. a. durch Formen innerer und äußerer Differenzierung und einer Unterrichtsgestaltung, die – neben einem hohen Maß an Individualisierung – nicht nur die kognitive, sondern vor allem auch die soziale und emotionale Kompetenz der Kinder weiterentwickeln will (vgl. hierzu KROJ 1972).

Der weitgesteckte Rahmen für die inhaltliche und organisatorische Gestaltung des Schulversuchs stellt für jede Schule eine Herausforderung dar, sich ein eigenes pädagogisches Konzept zu erarbeiten (vgl. hierzu RÜHL 1975). Dabei ist zu berücksichtigen, daß 1968 in den Begründungszusammenhang für die Einrichtung der ersten Eingangsstufenschulen damals aktuelle Forderungen der Lernpsychologie und der Sozialisationsforschung ebenso einfließen wie bildungspolitische Aspekte (Frühes Lernen / kompensatorische Erziehung / Chancengleichheit) und zu einem Unterrichtskonzept verschmelzen, bei dem der optimale pädagogischen Zugriff auf die (kleine) Kindergruppe mit begrenzter Zeit favorisiert wird. So werden Formen äußerer Differenzierung z. T. höher bewertet als die Suche nach realistischen Möglichkeiten innerer Differenzierung. Auf diesem Hintergrund entwickelte Modellstundenpläne (vgl. SCHWAB 1972, S. 81 ff) erstarren in den Folgejahren, werden zum heimlichen Strukturelement, welches auch heute noch für einen Großteil der Eingangsstufenschulen praxisrelevant zu sein scheint.

Wenngleich aus dem Schulversuch anfangs eine Reihe wichtiger Impulse für die Weiterentwicklung der konventionellen Grundschule erwächst, wie z.B. die Abfassung verbaler Zeugnisse oder die Einführung von Freier Arbeit, wird es zunehmend stiller in diesem Bereich, bemühen sich – in einer Phase weitreichender Reformbestrebungen zur Öffnung des Unterrichts der Primarstufe in den achtziger Jahren – vergleichsweise nur wenige Kollegien um ihr eigenes pädagogisches Konzept einer lebendigen Eingangsstufe.

Bildungspolitisch (und vor allem auch finanzpolitisch) umstritten, beenden andere Bundesländer wie z. B. Nordrhein-Westfalen ihre Schulversuche mit Eingangsstufen und dies, obwohl der «Eingang zur Schule» in der Bundesrepublik nach wie vor noch «keine überzeugende Struktur und pädagogische Konzeption» hat. «Daher bleiben Fragen, Lösungsansätze und Erfahrungen der Eingangsstufen weiterhin von Bedeutung für die Reform des Schulanfangs» (HESSISCHES INSTITUT FÜR BILDUNGSPLANUNG UND BILDUNGSENTWICKLUNG 1994, S. 1).

Engagierten Streitern ist es zu verdanken, daß das Reformprojekt in Hessen auch in Zukunft noch bestehen bleibt. Mit Inkrafttreten des neuen hessischen Schulgesetzes ist am 01.08.1993 der Schulversuch beendet, werden die bereits bestehenden Eingangsstufenschulen zur Regeleinrichtung, entfällt der Zusatz «differenzierte Grundschule», da sich *jede* Grundschule zu einer differenziert arbeitenden weiterentwicken soll. (vgl.: Der Hess. Kultusminister: Hessisches Schulgesetz, Wiesbaden 1993, § 187, Abs. 7). Für die Eingangsstufenschulen mit ihren besonderen personellen Bedingungen (gemeinsame Arbeit von Lehrerin und Sozialpädagogin) wird jedoch ein weitreichender Entwicklungsauftrag formuliert, der langfristig möglicherweise die heute noch bestehenden unterschiedlichen Ansätze von Vorklasse, Vorschule und Eingangsstufe zu einem Gesamtkonzept eines veränderten Schulanfangs in Hessen führt:

Durch die Etablierung *fester Öffnungszeiten* mit einem rhythmisierten Tagesablauf, der *jahrgangsübergreifenden Organisation* der Lerngruppen und einer *intensiven Kooperation* der am Erziehungsprozeß der Kinder beteiligten Lehrerin und Sozialpädagogin wird eine zeitliche, inhaltliche und organisatorische Kontinuität zwischen Kindergarten und Schule erreicht. Die Grundschule entwickelt sich zum *Lebens- und Lernort* mit vielfältigen Erfahrungsmöglichkeiten. Der starre Schulstundentakt mit seinen (für Eltern oft schwer organisierbaren) unterschiedlichen Anfangs- und Endzeiten wird ebenso überwunden wie die enggesteckten Grenzen des fach-, klassen- und jahrgangsfixierten Lernens. Für die Schulneulinge eröffnen sich durch die Hilfe der größeren Kinder Chancen für ein unproblematischeres In-die-Schule-Hineinwachsen und den Aufbau einer positiven Arbeitshaltung – vom ersten Tag an. In der Gruppe bekannnte Arbeitsformen und Arbeitsweisen und bestehende Regeln und Rituale werden weitergegeben, der soziale Rahmen schneller gefestigt.

Kinder unterschiedlichster Begabung, verschiedenen Alters spielen, lernen und arbeiten miteinander. Ein überschaubarer Tages- und Wochenrhythmus gibt ihnen Orientierung und Sicherheit. Gelernt wird an Inhalten, die mit dem Leben der Kinder in Verbindung stehen oder gar aus ihm erwachsen. Es gibt kein Sitzenbleiben, vielmehr eröffnet eine individuelle Verweildauer (von einem bis zu drei Jahren) Möglichkeiten, unterschiedlich ausgeprägten Entwicklungsverläufen gerechter zu werden.

Zweifelsohne stellt die jahrgangsübergreifende Organisation der Lerngruppen die größte Hürde bei der Neukonzeption der Eingangsstufe dar. Gleichwohl liegen die Argumente für die Überwindung der Jahrgangsklasse auf der Hand:

- *Kinder wachsen in ihren Familien immer häufiger als Einzelkind auf, das heißt ohne die wesentliche innerfamiliäre Komponente von Erziehung durch die Geschwister. Deshalb hat gerade für diese Kinder die altersgemischte Gruppe eine kompensatorische Funktion.*
- *Die altersgemischte Eingangsstufe kann sich nahtlos an ein Konzept anschließen, das heute wegen seiner Bewährung seit den sechziger*

Jahren im Kindergarten durchgängiges Prinzip ist: Die Kinder finden die gleiche Gruppensituation, wie sie sie mehrere Jahre im Kindergarten gewohnt waren, in der Schule wieder. Das schafft ein großes Maß an Sicherheit und Geborgenheit.

- *In der jahrgangsübergreifenden Gruppe kann jedes Kind seinem persönlichen Leistungsvermögen, seinem Arbeitswillen und seinem Lerntempo sowie seinen Fähigkeiten entsprechend arbeiten. Dies bedeutet Motivation sowohl für die 'schnelleren' als auch die 'langsameren' Kinder.*
- *Gruppenübergreifende Arbeit erweitert den Kommunikations- und Handlungsspielraum. Kinder lernen voneinander – sie erleben sich in der Doppelrolle des Helfers und des Hilfesuchenden. Die Kinder werden schneller kompetent. Ihre Lehrerinnen können eher beobachten, beraten, unterstützen und sich um jene kümmern, die verstärkt Zuwendung benötigen.*
- *Kinder, die wiederholen, müssen nicht die Gruppe wechseln. Sie bleiben in ihrer vertrauten Umgebung, werden nicht isoliert.*

(Hess. Institut für ..., 1994, S. 11)

Die Eingangsstufe der Schule Vollmarshausen

Das Kollegium der Schule Vollmarshausen beginnt Mitte der achtziger Jahre durch die Rückbesinnung auf die reformpädagogische Praxis Peter Petersens und Celéstin Freinets eine Reihe neuer Formen schulischer Inszenierung zur Gestaltung eines veränderten Unterrichtsalltags zu entdecken und weiterzuentwickeln (Garlichs 1990). Mehrere Hospitationen an Reformschulen, tastende Versuche mit bis dahin unbekannten Formen pädagogischer Praxis (im Rahmen schulinterner Fortbildung erprobt), die intensive Kooperation der Jahrgangsteams und schließlich die Einrichtung einer wöchentlichen Konferenz für den ständigen Erfahrungsaustausch, führen nach und nach zur Etablierung eines eigenen Schulprofils mit einer spezifischen zeitlichen, inhaltlichen und organisatorischen Struktur. Zu dieser Struktur gehören u. a.:

- die Rhythmisierung des Unterrichts (jede Woche beginnt und endet mit einer Feier; der Tagesrhythmus wird bestimmt durch Gleitzeit – Lesezeit – Morgenkreis – Arbeitszeit – Fachunterricht);
- die Organisation des Lernens mit Tages- und Wochenplan;
- die Arbeit mit Eigenfibel und freiem Text;
- der Schülervortrag;

- das gemeinsame Lernen in Projektwochen;
- die phasenweise jahrgangsübergreifende Unterrichtsorganisation im Rahmen der freien Arbeit der Grundstufe.

Mit der Entscheidung der Konferenz und der Elternvertreter für die Umgestaltung der Eingangsstufe beginnt 1992 eine Konzeptdiskussion. Parallel zur internen Erörterung werden mehrere Elternabende arrangiert, um die Väter und Mütter der Kindergarten- und Eingangsstufenkinder für die angestrebten Veränderungen zu gewinnen.

Trotz des weit entwickelten, klar konturierten Schulprofils eines reformfreudigen Kollegiums wird auch Skepsis von einigen Lehrkräften artikuliert, besonders mit Blick auf die Organisation des Lernens in altersgemischten Gruppen. Zentral ist dabei die Befürchtung, die jüngeren Kinder könnten über- und die älteren unterfordert werden. Auch wird – besonders von Eltern – das pädagogisch wünschenswert erscheinende Argument des «Helfens» durch die Älteren vor diesem Hintergrund kontrovers diskutiert.

Die Beschäftigung mit Theorie und Praxis jahrgangsübergreifenden Lernens (fast ein ganzes Jahr lang) und mehrere Hospitationen in Modellschulen führen jedoch bald zu der Überzeugung, daß – ausgehend von den vorhandenen Ansätzen inhaltlicher und organisatorischer Arbeit – eine *mehrjährige Perspektive* sich abzeichnet, mit der das neue Konzept der Eingangsstufe wachsen kann: Angestrebt wird *ein für uns realisierbar erscheinender Unterrichtsrahmen* mit vielgestaltigen Formen innerer Differenzierung, um für die Fünf- und Sechsjährigen ein ansprechendes Lernarrangement zu schaffen.

Seit Beginn des Schuljahres 1993/94 bestehen

- vier Stammgruppen mit je ca. 24 Kindern (12 Fünf- und 12 Sechsjährige).
- Für jeweils zwei Stammgruppen (sie bilden eine Großgruppe) sind zwei Lehrkräfte und eine Sozialpädagogin verantwortlich.
- Die Stundenzuweisung erlaubt in jeder Stammgruppe sechs Stunden Doppelbesetzung.
- Die Klassenräume von jeweils zwei Stammgruppen sind durch eine Zwischentür miteinander verbunden, so daß die Kinder leicht von einem in den anderen Raum wechseln können.

Um zu verdeutlichen, wie sich die Arbeit in der altersgemischten Eingangsstufe nunmehr gestaltet, möchte ich einige Praxisbeispiele anführen.[1] Mein besonderes Augenmerk richtet sich dabei auf die Phase des Schulanfangs. Neben der Darstellung des Unterrichtsalltags möchte ich mit der Erläuterung des Strukturelements «Morgenkreis» beispielhaft aufzeigen, wie soziales Lernen in der altesgemischten Gruppe tradiert wird; die Beschreibung des «Wochenbildes» soll einen Einblick in die inhaltliche Arbeit der heterogenen Gruppe geben. Schließlich sollen einige wesentliche Erfahrungen zum Lernen in altersgemischten Gruppen skizziert werden.

In die Eingangsstufe hineinwachsen

Der Schnupperbesuch

Nach der Anmeldung und der schulärztlichen Untersuchung (im Mai/Juni) werden die Kindergartenkinder zu einem ersten Besuch in ihre spätere Stammgruppe eingeladen. Die E2-Kinder unternehmen an diesem Tag eine Wanderung, so sind in jeder Stammgruppe lediglich die E1-Kinder, die ja nach den Sommmerferien dann die «Großen» sein werden. Bereits Tage vorher überlegen sie sich, wie sie die «Neuen» empfangen, was sie mit ihnen machen werden. Da die Namensschildchen der Kindergartenkinder bereits an der Tafel hängen, ist auch bald entschieden, wer mit wem an diesem Tag zusammenarbeiten wird. Während einige der E1-Kinder bereits lesen können, ist dies von den Neuen nicht unbedingt zu erwarten. Die Biber überlegen sich in diesem Jahr, daß sie mit den Kindergartenkindern zusammen kleine Biberfiguren aus Ton formen: So kann jedes Kind zu Hause zeigen, in welche Gruppe es kommen wird. Nach der Begrüßung mit einem Lied stellen sich alle mit ihrem Namen vor, danach wird gebastelt, später gespielt. Bevor die Kinder nach etwa einer Stunde nach Hause gehen, erzählen sie noch im Kreis, wie sie den Besuch fanden.

Die ersten Tage im neuen Schuljahr

Die ersten drei Tage des neuen Schuljahres sind die E2-Biber (wie auch die Kinder der anderen Stammgruppen) unter sich: Die früheren E2-Kinder sind jetzt in Klasse 2 und die Schulanfänger werden erst am vierten Tag kommen – so bleibt viel Zeit, sich auf den Empfang vorzubereiten. Wieder werden die Namensschildchen genommen und überlegt, wer wessen Pate sein möchte. Gleichzeitig wird überlegt, was die Aufgaben des Paten sind. Einige erinnern sich noch an ihren Schulanfang und erzählen, wie ihnen geholfen wurde. Über dieses Thema wird mehrmals gesprochen, denn das Überlegen schließt auch das eigene Sich-wieder-Erinnern ein: Wo liegen die Stifte? Wie decke ich den Frühstückstisch? Was mache ich mit dem Farbkasten nach dem Malen? – all das sind Dinge, die während der langen Ferien leicht vergessen werden. Im Gegensatz zu früher müssen die Kinder nicht ermahnt, sondern auf ihre Rolle der «Großen», die Verantwortung tragen, vorbereitet werden. Jeder große Biber bereitet für «seinen» kleinen Biber ein Geschenk zur Begrüßung vor: Ein Ableger wird in einen kleinen Topf gepflanzt. Mit einem Zettel versehen wissen alle, für wen und von wem das Präsent ist.

Die Aufnahmefeier für die Schulanfänger

Nach dem Morgenkreis wird im Lehrerkreis noch einmal alles besprochen: Gefrühstückt wird heute ausnahmsweise vor der großen Pause. Nach der Spielpause kommen alle in die Klasse, nehmen ihre Pflanze und gehen gemeinsam mit der Lehrerin auf den Schulhof. Dort warten dann bereits die Schulanfänger. Nach dem gemeinsamen Singen wird Herr Purmann die Neuen begrüßen. Und dann wird es sehr spannend, denn nacheinander werden die Kinder der vier Stammgruppen ihr Patenkind über ein Mikrofon rufen, es begrüßen, die Pflanze überreichen und mit ihm in den Gruppenraum gehen.

«Die erste große Herausforderung für die Kinder besteht darin, die richtigen Ranzenfächer und Garderobehaken zu finden. Aber mit Hilfe der E2-Kinder, die bereitwillig und gern helfen, ist das schnell geschafft. Diese umsorgen ihre Patenkinder so sehr, daß sie ihnen teilweise sogar die Jacken ausziehen. Manche lassen ihr Patenkind gar nicht wieder los, setzen sich auch im Kreis daneben» (Lerch 1995, S. 97). Es ist die gleiche Zeremonie wie im Jahr zuvor, genauso aufregend – für die Großen ebenso wie für die Kleinen.

Der erste Schultag: Das große Biberkind holt das kleine ab. Aber wer ist wer?

Der Unterrichtsalltag

Der *Tagesrhythmus* in der Eingangsstufe vollzieht sich innerhalb eines festen zeitlichen Rahmens, der die ganze Woche über gilt:

ab 7.30 h	Gleitzeit
8.15 h	Morgenkreis
8.35 h	Spiel- und Arbeitszeit I
9.30 h	Hofpause
9.50 h	Frühstückszeit
10.05 h	Spiel- und Arbeitszeit II
11.15 h	Vorlesekreis/Schlußkreis
bis 12.35 h	Gleitzeit II

Ab 7.30 Uhr kommen die Kinder nach und nach zur *Gleitzeit* in ihren Gruppenraum, orientieren sich, suchen sich allein oder mit anderen zusammen eine Beschäftigung, fragen bei der Lehrerin nach, erhalten von ihr eine Anregung oder einen Auftrag. Gegen 8.15 Uhr sind auch die letzten Kinder eingetroffen und der *Morgenkreis* beginnt. Ist dieser beendet, bespricht die Lehrkraft im *Lehrerkreis* mit den Kindern den weiteren Verlauf des Vormittags und erklärt, was in der nun beginnenden *Arbeits- und Spielzeit* gemacht werden soll. Diese Phase gemeinsamer oder individueller Tätigkeit wird um 9.30 Uhr von der *Hofpause* und dem sich daran anschließenden gemeinsamen *Frühstück* unterbrochen und gegen 10.15 Uhr fortgesetzt bis etwa 11.20 Uhr. Nach dem nun beginnenden *Vorlese-* oder *Schlußkreis* endet der Unterrichtsvormittag für die meisten Kinder um 11.35 Uhr. Einige bleiben jedoch nach der zweiten Pause noch in der zweiten *Gleitzeit* bis 12.35 Uhr.

Die Schulwoche endet freitags mit der *Wochenabschlußfeier*: Alle vier Stammgruppen finden sich im Versammlungsraum der Schule ein und werden von einem Kind der Gruppe, die die Feier vorbereitet hat, begrüßt.

Während die altersgemischte Stammgruppe in den ersten Wochen bis zu den Herbstferien konstant bleibt, werden in der Zeit danach auch Phasen jahrgangsgebundenen Lernens arrangiert, d. h. aus zwei Stammgruppen wird eine Jahrgangsgruppe E1 und eine Jahrgangsgruppe E2 gebildet, zum Beispiel:

	BIBER-GRUPPENRAUM	IGEL-GRUPPENRAUM
Morgenkreis Gleitzeit Spiel- und Arbeitszeit Hofpause Frühstückszeit	E1-Biber und E2-Biber zusammen (*Stammgruppe*)	E1-Igel und E2-Igel zusammen (*Stammgruppe*)
Spiel- und Arbeitszeit Vorlesekreis/Schlußkreis	E2-Igel und E2-Biber zusammen (*Jahrgangsgruppe*)	E1-Biber und E1-Igel zusammen (*Jahrgangsgruppe*)

Das tragende Element ist die Stammgruppe, in der sich die Kinder täglich einfinden – die Jahrgangsgruppe wird immer nur zeitweise arrangiert. Da die Kinder jedoch nach der Eingangsstufe in die altershomogene Klasse 2 wechseln, werden zum Schuljahresende mehrfach Aktionen für die Jahrgangsgruppe eingeplant, zum Beispiel Erkundungsgänge, Wanderungen oder sportliche Aktivitäten, um das Zusammenwachsen der beiden Teilgruppen zu einer Klassengemeinschaft zu erleichtern.

Der Morgenkreis

Vom ersten Schultag an bietet der Morgenkreis den Kindern während der ganzen Grundschulzeit ein Forum, sich mitzuteilen: Sie können etwas vorlesen, erzählen, zeigen, vorspielen, Fragen stellen und Probleme erörtern. Von jedem Morgenkreis wird ein Protokoll angefertigt. In der Eingangsstufe übernimmt die Lehrerin diese Aufgabe, später arrangieren die Kinder das schriftliche Fixieren in eigener Regie.

Der tägliche Morgenkreis ist *die erste gemeinsame Aktivität* der Gruppe während des Unterrichtsvormittags: Um 8.15 Uhr ruft das Morgenkreiskind (ihm obliegt die Leitung jeweils an einem Tag) mit einem Glöckchen. Die Kinder finden sich in einem Stuhlkreis zusammen, das Morgenkreiskind hat alle notwendigen Utensilien bereitgelegt: das Glöckchen, die Liedkarte, das

Morgenkreistier und die Kiste mit den Namenskärtchen der Kinder, die im laufenden Durchgang noch nicht Morgenkreiskind waren. Wenn alle Kinder Platz genommen haben und die Lehrerin das Protokollbuch bereithält, ertönt das Glöckchen ein weiteres Mal und das Morgenkreiskind beginnt: «Der Morgenkreis fängt an.» Es liest das Datum von der Tafel ab (oder läßt es sich vom Nachbarn zuflüstern) und fragt in die Runde: «Wer sagt die Namen?» Einige Kinder melden sich, das Morgenkreiskind ruft eines auf. Dieses Kind geht herum und nennt die Namen aller Anwesenden. Danach wird überprüft, ob jemand fehlt: «Wer zählt die Kinder?» fragt des Morgenkreiskind und sucht sich einen Jungen oder ein Mädchen aus. Ist die Gruppe unvollständig, wird überlegt, wer fehlt, d. h. die Kinder melden sich beim Morgenkreiskind, die Lehrerin notiert alles. Nun beginnt die Erzähl- oder Zeigerunde. Das Morgenkreiskind nimmt das Gruppentier und fängt an – wenn es selbst etwas beitragen möchte – oder reicht es weiter. Mit dem Gruppentier erhalten die Anwesenden ihr Rederecht. Wer etwas gesagt hat, kann andere Kinder, die sich dazu melden, drannehmen. Dabei gilt die «Drei-Leute-Regel»: Höchstens drei Rückfragen sind möglich. Bestehen noch weitere Meldungen, kann das erzählende Kind vom Morgenkreiskind die Erlaubnis für weitere Rückfragen oder Ergänzungen zulassen. Das Morgenkreiskind kann jederzeit regulierend unterbrechen (z. B. «Sprich bitte lauter!» oder «Hör bitte auf zu schwät-

Hat ein Kind Geburtstag, wird im Morgenkreis gefeiert.

zen!»). Dies können aber auch die anderen Kinder, wenn sie mit dem Heben beider Arme signalisieren, daß gerade etwas «schief läuft». Ist die Erzählrunde beendet, zieht das Morgenkreiskind aus der Morgenkreiskiste das Namensschildchen des neuen Morgenkreiskindes und geht damit im Kreis herum. Hat das betreffende Kind seinen Namen entdeckt, wird es gefragt: «Möchtest du das neue Morgenkreiskind sein?». Ist die Antwort positiv, wird das Schildchen an das Morgenkreisbrett gehängt; ist die Antwort negativ, wird ein neues Namensschildchen gezogen. Nun hebt das Morgenkreiskind das Liedkärtchen hoch und das gezeigte Lied wird gesungen. Zu jedem gelernten Lied wird ein Liedkärtchen mit einem entsprechendem Symbol gemalt. Da die meisten Kinder ja noch nicht lesen können, sehen sie auf dem Kärtchen, welches Lied gemeint ist. Danach wird die Lehrerin gebeten : «Frau ..., lies bitte das Protokoll vor.» Nicht immer sind die Kinder mit den Eintragungen einverstanden. Dann melden sie sich, werden von der Lehrerin aufgerufen und es wird geklärt, ob und wie das Protokoll geändert wird. Der Morgenkreis endet mit dem Glöckchen und der Feststellung des Morgenkreiskindes: «Der Morgenkreis ist zu Ende, der Lehrerkreis fängt an.»

Die inhaltliche Offenheit des Morgenkreises ist gebunden an eine klare äußere Struktur. Durch die Aufnahme der Schulneulinge in die altersgemischte Stammgruppe der zweijährigen Eingangsstufe werden geltende Regeln und Rituale tradiert, übernehmen die älteren Verantwortung für die Neuen (und erinnern sich dabei immer wieder selbst an die Gesetze der Gruppe).

Die klaren Strukturen des Morgenkreises machen es den Kindern leicht, bald zu entdecken, daß es um ihre Themen geht; daß nicht nur die Lehrerin, sondern auch *sie selbst das Miteinander regeln, Verantwortung* tragen. Gerade in den ersten Wochen, in denen die Erwartungshaltung der Schulneulinge am größten ist, fühlen sich die älteren herausgefordert, den «Kleinen» diese Verfahrensweisen zu vermitteln. Dabei ist häufig zu beobachten, daß selbst Kinder, denen es sehr schwer fällt, die geltenden Regeln einzuhalten, mit der Perspektive, nun für ein jüngeres Kind verantwortlich zu sein, zumindest für eine gewisse Zeit ein hohes Maß an Selbstdisziplin aufbringen.

Die spezifische Form des Miteinanders im Morgenkreis zeitigt von Anfang an eine veränderte Rollenwahrnehmung: Die Kinder erproben nicht nur die Auseinandersetzung Kind – Lehrerin und umgekehrt, sondern tagtäglich auch die – an feste Formen gebundene – aktive Kommunikation untereinander. Die Neuen lernen sehr schnell, während die Lehrerin sich innerhalb dieses Rahmens weitgehend auf ihre Rolle als Beobachterin beschränken kann. Die Weitergabe festgefügter Formen läßt sich auch noch an einem anderen Beispiel verdeutlichen:

Das Wochenbild

Die Gestaltung des Wochenbildes ist fester Bestandteil der inhaltlichen Arbeit der Schule Vollmarshausen. Als Hinführung zum freien Text lernen die Kinder diese Aufgabe bereits in der Eingangsstufe kennen. Jeweils montags nach dem Morgenkreis richten alle ihren Arbeitsplatz ein: Die Unterlage und die Stifte werden geholt, danach das Malblatt. Dann malen die Kinder etwas von sich: einen Traum, ein Ereignis, einen Wunsch ... Haben sie ihr Bild fertiggestellt, gehen sie zur Lehrerin und erzählen ihr, worum es geht. Zunächst schreibt sie die Wörter, Sätze oder kleinen Geschichten unter das Bild, später schreiben die Kinder ihre Texte eigenständig mit Hilfe der Buchstabentabelle. Ist das Wochenbild fertig, wird es an der Pinnwand angebracht. Am Ende der Woche wird es abgenommen und im Freitagskreis von der Lehrerin vorgelesen. Erst danach wird es abgeheftet. Am Jahresende werden alle Geschichten zu einem kleinen Büchlein gebunden, welches jedes Kind dann mit nach Hause nimmt.

Seit vielen Jahren ist das Wochenbild Teil des schuleigenen Curriculums, gehört zum Konzept, Lesen und Schreiben ohne Fibel zu lernen. Manchmal dauerte es jedoch Monate, bis alle Kinder verstanden hatten, worum es hierbei eigentlich geht. Dabei gab es sowohl mit der inhaltlichen Gestaltung Probleme als auch mit der Organisation der Arbeit. Die Beobachtung in der Eichhörnchengruppe am Tag, als die E1-Kinder zum ersten Mal ihr Wochenbild gestalten, ist bezeichnend für die Arbeit in der altersgemischten Gruppe: Nach dem Morgenkreis gibt die Lehrerin den Auftrag, das Wochenbild zu malen. Damit die Neuen wissen, worum es dabei geht, läßt sie es erklären. Thorsten führt aus: «Erst male ich ein Bild, und dann schreibe ich was dazu oder auch die Docki (die Lehrerin), und wir hängen es auf.» Diese bescheidenen Angaben reichen offenbar aus, um für alle E1-Kinder zu signalisieren, was nun zu tun ist: *«Die Kinder verstehen erstaunlich schnell, worum es geht. Durch Abschauen, Beobachten und Nachmachen kommt es ihnen so vor, als ob sie all die Sachen schon immer gemacht hätten.» Als Jonathan mit seinem Bild fertig ist, will er es seiner Lehrerin zeigen. Diese fordert ihn auf, etwas zu seinem Bild zu erzählen. «Er formuliert gleich schreibfertige Sätze, obwohl er es vorher noch nie gemacht hat»* (LERCH 1995, S. 130).

Da der Rahmen vorgegeben ist (zu ihm gehört z. B., daß Kinder, die ihre Arbeit beendet haben, sich still weiterbeschäftigen, daß u. U. die Kinder einer Tischgruppe sich zur selben Zeit mit unterschiedlichsten Tätigkeiten beschäftigen), können die Kinder im eigenen Tempo und ihrer Entwicklung entsprechend arbeiten: Während einige ausschließlich der Lehrerin ihren Text diktieren, schreiben ihn andere völlig eigenständig auf. Einige Kinder beenden ihre Arbeit noch am selben Tag, andere erst in den folgenden Tagen. Dabei wird jedes Kind ständig herausgefordert, sein Können zu erweitern, seine Hör- und Schreibfähigkeit zu schulen, seine bildnerischen Ausdruck zu differenzieren und sein Arbeitstempo zu optimieren.

Erfahrungen und Perspektiven

Es gibt noch eine Reihe ungelöster Probleme, dennoch sind die beteiligten Lehrkräfte von den Vorteilen jahrgangsübergreifenden Arbeitens gerade mit Blick auf das Hineinwachsen in den Schulalltag überzeugt.

Was kann nach zweijähriger Praxis zu den Ängsten einiger Eltern (und Lehrerinnen) gesagt werden, die durch das Helfen der älteren Nachteile für deren Lernzuwachs befürchteten? Um es gleich vorweg zu sagen: Diese Bedenken können nicht bestätigt werden. Im Gegenteil: Obwohl sich das Lernklima in den vier Stammgruppen tendenziell unterscheidet, ist der Eindruck vom Miteinander der zwei Jahrgänge überwiegend positiv.

Die kontinuierliche Beobachtung fördert zutage, daß das Thema «Helfen» nicht delegiert werden kann, z. B. nur an eine Gruppe. *Das Helfen ist entweder Teil eines heimlichen Lehrplans, der für alle gilt, oder es bleibt eine Randerscheinung.*

Helfen als Teil eines heimlichen Lehrplans:
T. zeigt anderen E1-Kindern, wie dieses Memory gespielt wird.

«Laura (E2) hat Nina zu verstehen gegeben, daß sie jederzeit für sie da ist, wenn sie Hilfe braucht, drängt sich ihr aber nicht auf. Von Anfang an machen sie viel zusammen, gehen aber auch gerne mal zu anderen Kindern. Laura weist Nina in das Klassengeschehen ein, sucht in den ersten Tagen mit ihr zusammen ihren Jackenhaken, erklärt ihr, wo die Sets für das Frühstück hinkommen, zeigt ihr die Toilette. Frank (E1) geht zu seinem Patenkind Dirk (E2), um sich erklären zu lassen, wo sich die Toilette befindet. Dieser geht mit ihm, erklärt ihm, wofür das Bändchen da ist und zeigt ihm die Toilette» (LERCH 1995, S. 11).

Neben diesen Formen «klassischer» Hilfestellungen, wie sie in den ersten Tagen und Wochen häufig zu beobachten sind, ergeben sich Konstellationen, die völlig unabhängig vom Alter der Kinder sind. *«Carsten (E1) steht vor dem LÜK-Kasten und schaut sich verschiedene Hefte an. Johannes (E1) kommt hinzu und bleibt bei ihm stehen. Dann fragt er ihn: 'Soll ich dir zeigen, wie das geht? Ich weiß es schon!' ... Es ist interessant, wie schnell Johannes sich von der Rolle des Hilfesuchenden als Mark (E2) ihm das Spiel erklärte – in die Helfer-Rolle begibt, um sein Wissen weiterzugeben.»*

In den ersten Wochen des neuen Schuljahres ist «Helfen» ein sehr zentrales Thema, nach und nach relativiert es sich. Ob es Teil des schulischen Lebens bleibt, entscheidet sich durch die Schwerpunktsetzung der Lehrerin. In der beschriebenen Gruppe können im Laufe des ersten Jahres vielfältige Kontakte beobachtet werden:

- E2-Kinder helfen E1-Kindern,
- E2-Kinder helfen sich gegenseitig,
- E1-Kinder helfen E2-Kindern,
- E1-Kinder helfen sich gegenseitig.

Dabei stellt sich die Entwicklung bei den einzelnen Kindern sehr unterschiedlich dar, gibt es auch einige, die so mit sich selbst beschäftigt sind, daß sie dieser Forderung nicht nachkommen können.

Voraussetzungen des Gelingens

Wenngleich die bisherigen Erfahrungen mit den altersgemischten Stammgruppen überaus positiv sind, darf nicht geleugnet werden, daß das Gelingen an eine Reihe von Bedingungen geknüpft ist, u.a. das Rollenverständnis der Lehrerin, die Kooperation der Lehrkräfte, die Entwicklung inhaltlicher, methodischer und didaktischer Modelle.

PETER PETERSEN geht sehr weit, wenn er in seiner zusammenfassenden Wertung jahrgangsübergreifenden Lernens fordert: *«Der Lehrer muß sich umstellen, freier werden; er kann nicht mehr Lehrer im alten Sinne bleiben»* (PETERSEN 1980, S. 39). Mit «Lehrer im alten Sinne» ist wohl jener gemeint, der in seiner Klasse eine homogene Gruppe sieht, deren bester Repäsentant der

Durchschnittschüler ist. Kinder in ihrer Individualität und zugleich als Mitglied der Klassengemeinschaft zu sehen und zu respektieren ist eine Forderung, die für jede Jahrgangsgruppe gilt – für die altersgemischte Gruppierung ist sie unabdingbar. Anders formuliert: Die Zusammenlegung mehrerer Jahrgänge zeitigt an sich noch keine positive pädagogische Perspektive. Diese wird erst dann realisiert, wenn es gelingt, Unterrichtstechniken zu entwickeln, die den veränderten Bedingungen gerecht werden und die eine Balance in der Entwicklung des Ich und des Wir erlauben.

In diesen Zusammenhang gehört die Frage, inwieweit es gelingt, ein Organisationssystem zu etablieren, innerhalb dessen die Kinder sich orientieren können, inwieweit es Regeln und Rituale gibt, die Gültigkeit besitzen und weitergegeben werden können. Diese wichtigen Voraussetzungen für die Arbeit in jeder Klasse sind besonders bedeutsam mit Blick auf das individuelle und gemeinsame Tun in der altersgemischten Gruppe, die nicht nur in der Verantwortung einer einzelnen Lehrerin, sondern eines Teams (Lehrerin und Sozialpädagogin) liegt.

«Das Leben in der Eingangsstufe ist durch ein klares, festgestecktes, jedoch bei weitem nicht starres System von Regeln gekennzeichnet... Wenn die Kinder morgens in die Schule kommen, hängen sie zuerst ihre Jacken an den mit ihrem Namen versehenen Haken und legen ihren Ranzen in das Ranzenfach. Der erste Blick im Klassenraum gilt den Tischen vor dem Fenster. Liegen dort korrigierte Arbeitsblätter, Wochenbilder der letzten Woche, Liedtexte oder anderes, werden sie abgeheftet. Für die E1-Kinder liegen sie auf dem rechten, für die E2-Kinder auf dem linken Tisch. Die E1-Kinder bekommen ihre Blätter durch farbige Punkte gekennzeichnet, damit Rückfragen, in welchen Ordner das Blatt abgeheftet werden soll, entfallen. Die mit einem blauen Punkt gekennzeichneten Blätter, die Rechen-Arbeitsblätter, kommen in den blauen Ordner, die Schreib-Arbeitsblätter in den roten Ordner. Neue Liedzettel werden in die Liedermappe abgeheftet» (Lerch 1995, S. 100).

Dieses Beispiel erhält seinen Sinn, wenn die Lehrerin durch den einmal abgesteckten Rahmen überschaubar Verantwortung an die Gruppe überträgt und damit zugleich Zeit findet, sich mit jenen Kindern zu befassen, die ihre Hilfe und Zuwendung benötigen.

Auch der Morgenkreis beinhaltet eine Vielzahl von Regeln und Festlegungen:

- das akustische Signal am Anfang,
- der verbale Hinweis «Der Morgenkreis fängt an»,
- das Datum,
- das Abzählen,
- das Nennen der Namen,
- das Herumreichen des Gruppentieres / das Erzählen,

- nur wer das Tier hat, darf erzählen,
- wer erzählt, darf andere aufrufen,
- die Drei-Leute-Regel,
- das Morgenkreiskind darf regulierend eingreifen,
- das Beenden ankündigen «Ich bin fertig»,
- das Singen des Liedes,
- das Bestimmen des neuen Morgenkreiskindes,
- das Vorlesen des Protokolls,
- das Beenden des Morgenkreises.

Unterrichtsverfahren dieser Art haben sich in der Praxis unserer Eingangsstufenarbeit sehr bewährt. Sie scheinen m. E. unabdingbar für die Arbeit in altersgemischten Gruppen, allerdings wird sich nicht jede Lehrerin in solch einem System wohlfühlen, daher muß sie auf die Suche gehen nach dem für sie Wünschbaren – und Leistbaren! Die genannten Beispiele sind Ergebnis eines längeren Prozesses und sind auch nicht unveränderbar. Im Gegenteil, zum verantwortungsvollen Umgang gehört die ständige Reflexion über die Sinnhaftigkeit der gefundenen Verfahren und ihre Korrektur, wenn es nötig erscheint.

Während die Bewertung der Phase des Schulanfangs (die Zeit bis zu den Herbstferien) ausgesprochen positiv ausfällt, ist die Frage sinnvoller Modelle der Kombination jahrgangsübergreifender und jahrgangsgebundener Lernorganisation und die damit zusammenhängende methodisch-didaktische Vorgehensweise noch nicht befriedigend beantwortet.

In den ersten acht Wochen sind die Kinder ausschließlich in der altersgemischten Stammgruppe. Angeleitet durch die älteren, lernen die jüngeren Kinder sehr bald den Schulalltag kennen, finden sich erstaunlich schnell zurecht.

Die nach den Herbstferien beginnenden Phasen jahrgangsgebundener Arbeit werden von den Lehrkräften unterschiedlich bewertet: Während einige meinen, ganz darauf verzichten zu können, fordern andere eher eine Ausweitung. Die Reflexion der unterschiedlichen Argumente läßt sehr bald erkennen, daß die Arbeit an Konzepten individuellen Lernens ebenso wichtig ist wie der unverstellte Blick auf die Tatsache, daß die Kinder der Jahrgangsgruppe sich finden müssen, da sie am Ende der Eingangsstufe in einer altershomogenen Gruppe zusammenkommen.

Bei der Weiterentwicklung der zweijährigen Eingangsstufe wird es wichtig sein, einen wesentlichen «Konstruktionsfehler» auszumerzen: Zum einen sind reformpädagogisch orientierte Konzepte jahrgangsübergreifenden Lernens stets an einer Dreiergruppierung orientiert, zum anderen werden die Klassen 1 und 2 als pädagogische Einheit betrachtet. Zu beidem liegt die gegenwärtige Eingangsstufenpraxis quer. Eine Lösung ist in Sicht, wenn es gelingt, in die Überlegung altersgemischter Gruppierung den Jahrgang 2 von vornherein mit einzubeziehen, d. h., eine Stammgruppe von 0-2 zu bilden.

Literatur

GARLICHS, ARIANE: Alltag im offenen Unterricht. Das Beispiel Lohfelden – Vollmarshausen. Beiträge zur Reform der Grundschule. Band 78. Frankfurt a. M. 1990

HESSISCHES INSTITUT FÜR BILDUNGSPLANUNG UND BILDUNGSENTWICKLUNG (Hrsg.): Eingangsstufe in Hessen – pädagogische und strukturelle Impulse. Materialien zur Schulentwicklung, Heft 21. Wiesbaden 1994

KROJ, THEO (Hrsg.): Die Eingangsstufe. Voraussetzungen, Modelle, Probleme. Dargestellt am Beispiel der Schulversuche in Hessen. Stuttgart 1972

PETERSEN, PETER : Der kleine Jenaplan. Weinheim, Basel 1980 (56.-60. Aufl.)

RÜHL, KARL: Mit 5 in die Schule? Ein Erfahrungsbericht. Stuttgart 1975

SCHWAB, RUDOLF: Organisation und Planung der Eingangsstufe in Gießen. In: KROJ, THEO, 1972

Anmerkung

[1] Ich beziehe mich dabei an mehreren Stellen auf Silke Lerch, die sich im Rahmen einer wissenschaftlichen Hausarbeit mit der Praxis der Eingangsstufe der Schule Vollmarshausen beschäftig hat: LERCH, SILKE: Konzeption und Praxis der Eingangsstufenpädagogik. Gesamthochschule-Universität Kassel 1995 (unveröffentlichte Examensarbeit), S. 56-124

Otto Herz

Am Rosenmaar – Portrait einer Ganztagsgrundschule

Die Geschichte der Kölner Peter-Petersen-Schule *Am Rosenmaar* beginnt im Jahre 1952 im schwierigsten Kölner Milieu als katholische Volksschule. Sie ist damals einzügig, achtklassig, achtet darauf, daß sich Jungen und Mädchen nicht zu nahe kommen. Wie überall auf der Welt, gerät die soziale Not im Leben auch immer zur Not der Pädagogen beim Lehren und Lernen. Gibt es Auswege aus der (scheinbaren) Ausweglosigkeit? Vor dieser Frage stand das damalige Kollegium auch.

Auf der Suche nach Antworten stöberte man im reformpädagogischen Schatzkästlein und fand bei den Schriften von PETER PETERSEN entscheidende Anstöße für die Entwicklung eines eigenen Schulprogramms. HEINZ KUMETAT, der damalige Leiter, hat die Gründungszeit in dem Band «Peter-Petersen-Schule am Rosenmaar. Ihre Geschichte von 1952–1967» (Agentur Dieck. Heinsberg 1987) beschrieben. Auf sie – wie auf die kritisch geführte Diskussion über die Pädagogik von PETER PETERSEN – kann und soll hier nicht eigens eingegangen werden.

1967 schien das individuell gewachsene Reformkonzept dem allgemeinen, gesellschaftlichen Reformschub im Wege zu stehen. Um der Effektivität willen sollten die jahrgangsübergreifenden Gruppen homogenisiert, die Leistungsbreiten äußerlich differenziert, die Lernvorgänge lernzielfixiert programmiert und mediatisiert werden. Doch die Stadt machte die Rechnung ohne die Eltern.

Die Schulgemeinde verteidigte eine Schule, von der alle überzeugt waren, daß sie den Kindern gut tut. Aus der katholischen Einzugsgebietsschule wurde nun freilich eine Gemeinschafts-Angebots-Schule für ganz Köln – mit Zustimmung des katholischen Gemeindepfarrers, der schon damals Papst JOHANNES XXIII. voraus war. Der erweiterte Einzugsbereich vermehrte den Zulauf. Zuhauf kamen Kinder, die mit der Regelschule ihre (un-)liebe Not hatten. Das muß ja nicht immer gegen die Kinder sprechen. Eine Schule, die sich auf die Lebens-und Lernbedingungen von Kindern einläßt, ist jedenfalls in der Regel die bessere Schule als die, die die Kinder einem vorgegebenen, oft nicht hinterfragten Reglement unterwirft.

Mit den Kinderladenkindern entwickelte sich hier ab 1972 der erste Schülerladen Kölns. Dies war der «Einstieg in den Ganztag».

Ein pädagogisch profiliertes Angebot wirkt schnell als Magnet für die, die anderswo unter dem Etikett der «Auffälligkeit» – ganz verschiedener Art –

gehandelt werden. Das fordert besondere LehrerInnen. So kamen auch Sonderschullehrerinnen zum Rosenmaar. Sie – und viele Eltern! – brachten die Frage mit, warum nicht behinderte Kinder integriert würden.

Heute ist die Peter-Petersen-Schule Am Rosenmaar eine *Ganztags-Angebots-Grundschule* mit gut 400 Kindern, von denen über 60 Kinder durch ein Sonderschulaufnahmeverfahren als «behindert anerkannt» sind. Es ist die einzige Ganztagsgrundschule in Köln. Das Sonderschulaufnahmeverfahren müssen die Kinder – nicht immer im Einklang mit den Pädagogen – durchlaufen, weil von dieser «Anerkennungsprozedur» die Zuteilung von Sonderschullehrerstunden und -stellen an die Schule abhängt.

Freilich wächst dadurch auch das Wissen und die Einsicht in die Besonderheiten der Behinderungen. Die Behinderungen, die über die hinausgehen, an denen wir alle selbst teilhaben, zielen auf *alle* Bereiche, für die darum besondere Förderung angesagt ist. Besondere Förderung für besondere *körperliche* Behinderungen; besondere Förderung für besondere *geistige* Behinderungen; besondere Förderung für besondere Behinderungen in der *sprachlichen Entwicklung*; besondere Förderung für besondere Schwierigkeiten im *alltäglichen Lernen*; besondere Förderung für ein *vertragendes Verhalten*; besondere Förderung dort, wo die Behinderung *mehrfach* und darum meist *besonders schwer* wiegen … Über 60 Kinder, die in dieser Weise einer besonderen Förderung bedürfen, das entspricht einer Größenordnung, wie sie sonst bei eigenständigen Sonderschulen anzutreffen ist. Aber einen eigenen Sonderschulkonrektor bekommt die Schule nicht bewilligt …

Gottes Zoo ist groß

Wer meint, bei dieser Vielfalt eines besonderen Förderbedarfs immerzu nur auf Einzel- und Sonder- und Zusatzmaßnahmen treffen zu müssen, der wird überrascht sein. Natürlich gibt es auch diese. Aber vielleicht vollzieht sich letztlich mehr Förderung implizit, im normalen Milieu der heterogenen Verbünde.

«Integration erfährt die Nagelprobe mit der Aufnahme auch schwerer Behinderungen. Die pflegerische Versorgung muß optimal sein, weil nur Wohlbefinden den Zugriff zur Umwelt ermöglicht. Behinderte Kinder sind in diese Welt hineingeboren und haben das Recht, in dieser und nicht am Rande dieser Gesellschaft zu leben. Behindertsein gehört zur Eigenart eines Menschenlebens – wie dick, glatzköpfig oder besonders schön zu sein. Das Recht auf volle Teilhabe am Leben mit den jeweils eigenen Möglichkeiten beginnt bei der Geburt und endet nicht nach dem Kindergarten, der Grundschule oder dem 10. Schuljahr.»

GGG: Gelände, Gebäude, Gestalt

«Was für uns zählt», sagt der kürzlich verstorbene Erwin Klinke, der Schulleiter, «ist ein in sich stimmiges Schulkonzept, das einerseits einen so großzügigen Rahmen bietet, um es auf die jeweilige Situation und von unterschiedlichen weltanschaulichen Standorten aus zu einer kinder- und lehrerfreundlichen Schule hin auszufüllen, das aber andererseits mit ein paar Grundpositionen besetzt ist, durch die Schule sich gegen herrschende gesellschaftliche Ansprüche stellt.»

Was heißt das konkret? – Machen wir einen *dreifachen Gang* durch die Schule. Einen Gang, um das Ambiente und die Momente der Schulorganisation kennenzulernen; einen Zu-Gang zum Schulleben, wie ich es bei meinem Schulbesuch erlebe; einen Gedanken-Gang zum Abschluß, in dem Grundsatzfragen nochmals aufgenommen werden.

Das Gelände. Die Schule hatte Glück bei ihrer Gründung. Das städtische Denken war Anfang der 50er Jahre noch nicht total von den (Bau-)Grundstückspreisen bestimmt. So bekam die Schule *Platz für Kinder*. Gegenüber manchen Stadtbetonlandschaften, in die ja die schulischen Betonburgen hineingepfercht wurden, nimmt sich das Schulgelände fast wie eine Oase aus.

Die Skizze zeigt es: das Gelände ist weitläufig, scheidet ohne Schärfen Zonen, bietet vielerlei. Fast möchte ich sagen: alle Urelemente sind vertreten. Feuer, Wasser, Erde, Luft. Feuer durch die Feuerstelle. Wasser durch die Wasserstelle. Erde im Garten, im Gebüsch, auf den Wiesen. In die Luft verweisen die Baumzonen, besonders hoch das Eichenwäldchen, von dem die Sage geht, daß es einst ein Hexentanzplatz gewesen sei. Das Gelände bietet keine wilde Naturromantik. Das wäre ein falsches Bild. Manches ist eher bieder. Es ist wirklich nur eine Wasserstelle, kein fließender Bach, kein einladender See, kein großes Feuchtbiotop. Aber alles ist Frei-Raum für die Handlungsphantasien der Kinder. Im Gebüsch können sie sich verstecken (wo sonst in

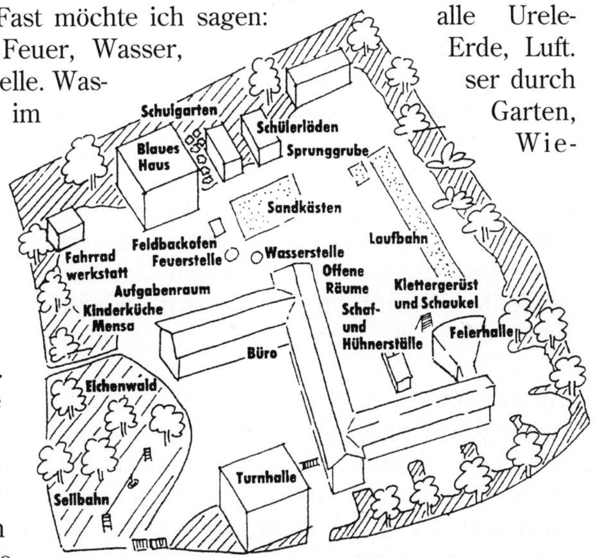

Schulen die Stachelstauden meist nur Stacheldrahtersatz sind). Auf die Bäume dürfen sie klettern. In ihnen bauen sie Buden. Im Garten können sie hegen und pflegen, pflanzen und ernten. Er ist grüner und reichhaltiger bestückt, als ich dies sonst von meist darbenden Schulgärten kenne. In riesigen Sandkästen können Kinder buddeln. Lange Baumstämme, gefällt wohl auf dem eigenen Gelände, umrahmen den Sand, kein Beton. Unregelmäßig, wie alles in der Natur, die Begradigung ist eine höchst zwiespältige Erfindung des Menschen, sind die Herausforderungen für Balanceakte. Die zwei Asphaltschulhöfe sind fürs Fahrradfahren gut. Körperliche Geschicklichkeit und Kraft verlangt und fördert die Seilbahn. Bewegungsbedürfnisse können auf dem Klettergerüst, auf der Schaukel, entlang der Laufbahn, in der Sprunggrube, auf dem Aschenplatz ausgelebt werden. Auch hier hat kein Sportperfektionist zugeschlagen. Deswegen braucht es auch keine verbietenden Schilder. Das Gartentor soll freilich immer zu sein. Das liegt an den Schafen. Apropos. Wo Kinder aufwachsen, sollten Tiere nicht fern sein. Das Eichenwäldchen ist auch der Weideplatz für Schafe. Neben dem Schafstall ist der Hühnerstall und der Auslauf der Hühner. Zum archetypischen Spiel der Irrungen und Wirrungen lädt das aus überkindgroßen Platten gefertigte Labyrinth ein. – Und wem das alles nicht reicht: freie Felder sind zu Fuß zu erreichen …

Die Gebäude. Die Peter-Petersen-Schule wirkt noch heute wie im ersten Kölner Schulneubau nach dem II. Weltkrieg. Englische Verwaltungsbaracken, in denen Personalausweise und die DM 40,– Kopfgeld ausgegeben wurden, mit denen nach dem Kriege alles wieder begann, kamen hinzu. Fast 50 Jahre sind also die Bauten, sie sind anspruchslos, keine Schönheiten. Aber überzeugen tut mich dies: Zu vielen Klassenzimmern gehört ein zusätzlicher Raum, gleich nebenan, akustisch abgeschirmt, aber optisch, durch große Fenster, miteinander verbunden. So kann sich die Stammgruppe in Untergruppen aufteilen, kann verschiedenartigen Beschäftigungen nachgehen, ohne daß die, die laut sind, die stören müssen, die sich stiller Arbeit widmen. Und da auch die langen Gänge und Flure nicht nur den Fluchtwegen vorbehalten bleiben, sondern bei Bedarf als Erweiterungsraum genutzt werden, höre ich hier, was ja bei Schulbesuchen selten ist, keine Klagen über die Räume …

In der Pädagogik Peter Petersens hat die Feier zentralen Rang. Also gibt es eine Feierhalle. Sie ist aber kein sakraler Raum. Pragmatisch wird sie für alles genutzt, wofür sie taugt, wofür Raum-Bedarf besteht. Die Requisiten einer Theaterprobe stehen noch herum. Die Bühne muß auch für Gymnastik herhalten, wenn die Turnhalle besetzt ist. Die Elternvollversammlungen tagen hier.

Ein Gebäude muß besonders erwähnt werden. Das *Blaue Haus*. Auch dies ist kein formschöner Bau, kantig zweigeschossig, Mischung aus Großglas und Plastikplattenverputz. Das *Blaue Haus* steht für die *Freiheit zur Freizeit in der Schule*. Es ist Orientierungspunkt für all' die Orte, von denen die Kinder wissen: hier kann ich sein; hier kann ich bleiben; hier kann ich etwas tun; hier muß ich aber nicht um irgendeinen Preis irgend etwas tun; hier kann ich alleine sein; hier treffe ich immer andere Kinder; Erwachsene sind da, wenn ich sie suche; sie drängen sich nicht auf, wenn ich sie nicht brauche.

Das Blaue Haus ist das Symbol für eine so verstandene *soziale Pädagogik*. Das Blaue Haus öffnet jeden Tag um 7.30 Uhr. Es ist immer offen bis um 16.00 Uhr. Nur zwischen 10.00 und 11.45 Uhr, wenn garantiert alle Kinder im Unterricht sind, da gehen die SozialpädagogInnen den Dingen nach, die sein müssen, um sich auf Kinder einzustellen, wenn sie da sind.

Das Blaue Haus garantiert die Verläßlichkeit der angebotenen Ganztags(grund)schule. Das Blaue Haus, als Philosophie, kann auch im Sandkasten stattfinden … Warmes Mittagessen bietet die Mensa. Das Essen wird von außen geliefert und an Ort und Stelle aufgewärmt. Ob ich heute esse oder nicht, kann ich noch am Morgen entscheiden.

Zu den *offenen* Räumen zählen auch die Werkstätten. Offen meint, ich muß mich nicht fest und dauerhaft anmelden. Das ist bei den Arbeitsgemeinschaften anders. Werkstätten gibt es für das Töpfern, für die Arbeit mit Holz, für die Bearbeitung der Wolle der eigenen Schafe, für Fahrräder, Kettcars und wie die modernen Erfindungen heißen. Auch den Leseraum kann man als (Zeichen- und Buchstaben-)Werkstatt verstehen. Für alle Werkstätten gilt: sie bestechen nicht durch die Ausstattung. Was besticht, ist die Selbstverständlichkeit, mit der hier alle – auch Eltern – mit diesen Möglichkeiten umgehen.

Die schulorganisatorische Gestalt. Die gut 400 Kinder der Peter-Petersen-Schule untergliedern sich in 16 Stammgruppen. Jede Stammgruppe hat ihren eigenen Raum. Den genannten Zusatzraum teilen sich oft zwei Stammgruppen. In einer Stammgruppe sind in der Regel 25 Kinder. Es sind Kinder, die in anderen Schulen in etwa zu gleichen Teilen sonst in einer 1. *oder* in einer 2. *oder* in einer 3. *oder* 4. Klasse wären. Die Stammgruppen sind *alle jahrgangsübergreifend,* die Jahrgänge 1 bis 4 umfassend. Die Kinder, die also zum Schuljahresanfang neu in eine Klasse kommen, treffen schon auf eine Tradition der Aufnahmebereitschaft. Und wenn die Ältesten aus der Stammgruppe die Schule verlassen, um auf eine Sekundarstufenschule zu gehen, dann bricht die Gruppe nicht zusammen. 75 % bleiben bestehen. Kontinuität und Wandel gehören zusammen. Abrupter Abbruch wird vermieden. Mehr Zeit und Raum entsteht, um sich in Rollen zu finden, um sich aus diesen zu lösen.

Die Entwicklungsunterschiede von Kindern verlaufen längst nicht mehr den Jahrgangsklassen entlang. In den jahrgangsübergreifenden Stammgruppen erfahren alle Kinder, daß sie Hilfe brauchen, daß sie Hilfe gewähren können. Damit verschaffen sich alle in ihrer Stammgruppe einen Vertrauens-Schutz. Das ist das Fundament, auf dem sich Behinderte *enthindern* können – so gut und so weit es geht. Drei bis vier Kinder mit besonderem Förderbedarf sind in der Regel in jeder Stammgruppe. Nicht die Zahl, sondern die Passung ist entscheidend.

Wie die Kinder sich in einer Gruppe aufgehoben wissen wollen, so erleben es auch die LehrerInnen als Entlastung, wenn sie sich nicht mit der Erwartung des omnipotenten Einzelkämpfers durch das Pädagogenleben schlagen müssen. Wo immer es geht, sind zwei Lehrerinnen beim Lernen in einer Stammgruppe. Lieber mit mehr Kindern zu zweit in einer Gruppe als mit wenigen Kindern alleine, heißt die Devise.

Zwei Stammgruppen – sie wohnen Zimmer an Zimmer – bilden ein Team. So gelingt es, daß in einem Team immer die verschiedenen Kompetenzen vertreten sind, zusammenfinden, sich ergänzen und entlasten: die GrundschullehrerIn, die SonderschullehrerIn, die SozialpädagogIn, manchmal noch ein Zivi. Das Stammgruppenteam plant möglichst viel gemeinsam. Vom Sachunterricht bis zu den Kinder-Eltern-Festen. Unterstützt werden sie noch von den Fachteams, die besonders für Sprache und Mathematik Vorschläge zur Ausfüllung der Grundschulrichtlinien erarbeiten und erläutern.

Nicht alles Lernen findet in der Stammgruppe statt. *Kern* und *Kurs* werden unterschieden. Während im Kern das ganze Spektrum von Einzel-, Paar- und Gruppenarbeit gepflegt wird, Frei- und Wochenarbeit stattfindet, man sich im Kreisgespräch zusammenfindet und alle besonderen Aktivitäten plant und durchführt, werden in den *Kursstunden* für eine oder zwei Jahrgangsstufen neue Lerninhalte eingeführt oder Gelegenheit gegeben, vertiefend, vor allem in Sprache und Mathematik, zu arbeiten (s. den Stundenplan).

Std.		Montag				Dienstag				Mittwoch				Donnerstag				Freitag			
	Jahrgang →	1	2	3	4	1	2	3	4	1	2	3	4	1	2	3	4	1	2	3	4
1.	08.00 - 08.45			Ma		Gottesdienst ökumenisch oder konfessionell					Ma	Ma	Ma	D						Schwimmen	Ü
2.	08.45 - 09.30	Ma	Ma	D	Ma	evang.) kath.) Religion				Kern				Mathe - alle				Ma			D
	09.30 - 10.00	Pause				Pause				Pause				Pause				Pause			
3.	10.00 - 10.45	Kern				Kern				Kunst				Kern				Kern			
4.	10.45 - 11.30																				
	11.30 - 11.45	Pause				Pause				Pause				Pause				Pause			
5.	11.45 - 12.30	D Leseraum				Kern				Sport				Sport				Feier			
6.	12.30 - 13.15	evang.) kath.) Religion					Ma	Ma	Ma	Ma					D		Ü		Freizeit		
	13.15 - 14.00	Mittagspause				Mittagspause				Mittagspause				Mittagspause				Mittagspause			
	14.00 - 16.00	AG u. Freizeit				AG u. Freizeit				AG u. Freizeit				AG u. Freizeit				Freizeit			

(gegittertes Feld) im Stammgruppenverband

(leeres Feld) Kurse auf Jahrgangsniveau

Ma = Mathematik
D = Deutsch
Ü = Übung

aus: GEE (Bayern), Hg.: Die Pädagogik Peter Petersens, 1989

Erkenntnis-Stiche ins Wespennest

Strukturen gleichen Skeletten. Sind sie nicht tragfähig, entwickelt sich selten der aufrechte Gang. Die Faszination des Lebens beginnt aber erst, wenn zum Skelett der Organisation das Fleisch der Prozesse hinzukommt. So sei erzählt, was ich an meinem Besuchstag erlebt habe.

Morgens um 7.30 Uhr Ankunftszeit. Von der Sekretariatshelferin hatte ich schon gesprochen. Gähnend begegnen mir nun Kleine, deren Ranzen fast ein Drittel ihrer Körperhöhe ausmacht. Wie früh und mit welchen frühen Erfahrungen kommen sie hier an?

Der Schulleiter, den alle *Erwin* nennen, dessen Markenzeichen eine Latzhose ist, kommt mit dem Fahrrad von der nahe gelegenen Wohnung. Beim Gang über den Schulhof, das Fahrrad schiebend, gibt es die ersten Elterngespräche. «Es sind oft die wichtigsten», sagt er. Zwei VW-Bulli fahren auf den Schulhof vor das Blaue Haus. Die Fahrer, ein Zivi, andere Kinder helfen, daß die körperbehinderten Kinder aus dem Auto heraus und in den Rollstuhl hineinkommen.

Zwei Kinder in Rollstühlen fallen mir auf. Dem einen Jungen gilt die Aufmerksamkeit des Zivi. Er reibt ihm die nackten Knie, sie scherzen, der Morgenmuffel im Rollstuhl – sein Tag begann vor 6.00 Uhr – wird seinerseits munter. Ein anderer Junge kümmert sich um niemanden. Er rollt in den Schulgarten, dort zu den Wassertonnen, die das Regenwasser auffangen. Er schafft es, die Gießkanne mit Wasser zu füllen. Mit gefüllter Gießkanne rollt er zu *seinem* Hochbeet und gießt, was dort wächst. Einige Hochbeete sind so gebaut, daß körperbehinderte Kinder mit dem Rollstuhl unter das Hochbeet fahren und es eigenständig, ohne sonstige Unterstützung, bewässern können. Selbständigkeit ist ein besonders hoch geschätztes Lernziel bei Behinderten. Sie lösen es ein, wenn sich die Umwelt – auch nur ein wenig – auf sie einstellt.

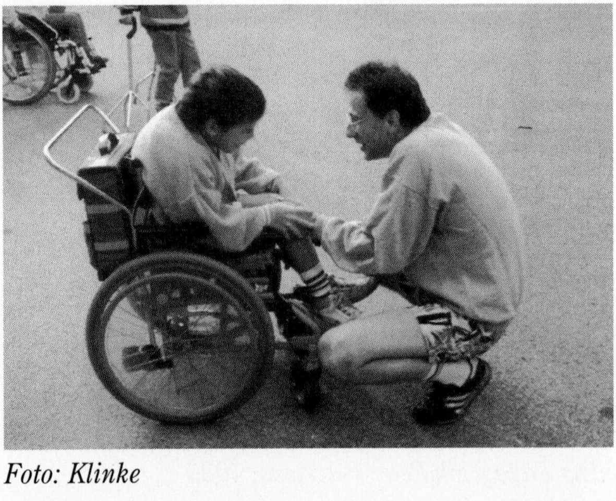

Foto: Klinke

Was diesem Jungen sein Garten, ist anderen das Blaue Haus. Ein Kind hat sich in diesem Haus in ein Haus im Raum verzogen, um ungestört im Bilderbuch blättern zu könne. Zwei andere sitzen auf einem Sofa und hören, wie ein dritter Junge, der sich zaghaft an den vorlesenden Zivi schmiegt, diesem zu. Im «Ruheraum» spielen Kinder Gesellschaftsspiele. Und dort, wo das Toben erlaubt ist, im Toberaum, da springen die Motoriker vom eingebauten Holzgerüst auf die auffangenden Matratzen.

Für das gezielte Lernleben ist aber in diesen Tagen ein anderes Ereignis entscheidend.

Hinter einer Barackenwand haben sich in den Ferien Wespen eingenistet. Niemand hat versucht, sie zu entfernen. Ganz im Gegenteil. *Die Wespen werden zum Curriculum der Schule.*

Die Schule schuf einen Freilandbeobachtungsplatz. Mit Hinweisen, wie mit ihm richtig umzugehen sei: «Wenn Ihr die Wespen beobachten wollt, verhaltet Euch ganz ruhig (keine ruckartigen Bewegungen).» Die Kinder nehmen die Einladung an. Sie beobachten und beschreiben, entwickeln Hypothesen über das Wespenleben und haben vor allem Fragen, Fragen, Fragen. – Gibt es besseren Unterricht als den, der auf die Fragen von Kindern eingeht, sie aufgreift, in der Beantwortung der Fragen neue aufkommen läßt?

In der Stammgruppe, in die ich komme, sehe ich dies: die Kinder sitzen im Kreis. Wer da erste, zweite, dritte oder vierte «Klasse» sein könnte, vermag ich nicht zu unterscheiden. Auch zwei Lehrerinnen sitzen mit im Kreis. In der Kreismitte steht ein Tisch. Auf diesem steht ein Kunstwerk. Das Kunstwerk ist ein Wespennest. Jetzt geht eine Lehrerin zum Tisch, kniet vor diesem, hält dann das Wespennest hoch.

Wir gehen in einen weiteren Raum, zu einer neuen Stammgruppe. Auch dort sitzen die Kinder im Kreis. Sie singen einen *Wespensong*. Der Lehrer schlägt die Gitarre. Am Ende des Songs melden sich verschiedene Kinder. Das, das als nächstes Geburtstag hat, darf anfangen. Ich höre ein kleines Referat über das, was dieses Kind sich durch Herumfragen und durch Lexika über Wespen erarbeitet hat. Nach den Ausführungen kommt die Runde der Befragung. Alle Kinder können fragen. Der Befragte beendet die Befragung, wenn er nicht länger

Ein «Kunstwerk»

antworten will. Er darf dann die Staffel des Gesprächs an ein Kind seiner Wahl, das sich meldet, weitergeben.

In der dritten Stammgruppe, in die wir kommen, sitzen die Kinder in Tischgruppen. Ein Arbeitsblatt, mit dem zwei Kinder arbeiten, fällt mir auf. Auf dem Arbeitsblatt steht oben: «4. Schj. Mathe». Und darunter wird gefragt: «Welche Zellenform ist für Bienen und Wespen am günstigsten?» Darunter sind ein Dreieck, ein Quadrat, eine Wabe gezeichnet.

Prüfen Sie selbst nach, wie die Antwort heißen mag. (Zu hören ist, daß es die Wabe sei, denn hier verbinde sich der größte Innenraum mit der geringsten Länge der Außenwand.) Ich wußte dies nicht. Vergessen werden ich die Fragestellung aus diesem Gesamtzusammenhang heraus nicht so schnell. Warum fehlte ein Kreis? Welche Formen gibt es sonst noch? Gibt es Tiere, die andere Formen vorziehen? Was hat das dann für Gründe? – Ja, ja, ich sehe schon: das Curriculum ist für Wochen gerettet. Nicht das Arbeitsblatt steuert das Lernen, sondern das Leben macht das Lernen zum Abenteuer.

Gedanken-Gänge

Ein langer Vormittag geht zu Ende. Er verflog im Nu. In der Mensa treffe ich die Kinder, die – nach kurzen Einführungswochen bei Schulbeginn – ihre Tabletts selbst holen, essen, sie zurückbringen. Wieder auf dem Schulhof, prägt sich mir dieses Bild ein. Der Junge, der morgens von dem Zivi knieereibend wachgewackelt worden war, steht jetzt mit seinem Rollstuhl nahe bei der Schaukel. Mit Hilfe zweier Kinder verläßt er den Rollstuhl, klettert auf den Sitz der einen Seite; das andere Kind setzt sich auf die gegenüberliegende Seite, während das dritte am Schaukelbrett stehenbleibt, um ausgleichend für das Auf und Ab zu sorgen. – Was täte dieser behinderte Jun-

ge, wäre er nicht in einer Schule, in der Kinder, die nicht an *dem* leiden, was *ihn* einschränkt, ihm Anregung, Anreiz, Bewährungs-Helfer sind?

Der Nachmittag bietet, was vorne schon genannt war: ein Gelände, in dem man auf eigene Einfälle kommen kann; das offene Angebot, im Blauen Haus, um das Blaue Haus herum und in den Werkstätten; und Arbeitsgemeinschaften, zu denen man sich fest anmelden muß, will man an ihnen teilnehmen; was es da alles gibt, zeigt die Pinnwand im Treppenhaus vor dem Büro. Die AG's wechseln etwa alle zwei Monate. Das ist die bewährte Spanne zwischen Ausdauer und neuer Erfahrungsfreude.

Ich verzichte darauf, mir dies im einzelnen anzuschauen. Ich gehe mit Erwin in sein (kleines und mit Material überfülltes) Büro. Wir setzen zum dritten Gang an: zum Gedanken-Gang …

«Ist das den LehrerInnen hier nicht alles zuviel?», heißt meine erste Frage. Erwins Antwort kommt ohne Zögern. Es ist viel, aber *nicht zu viel.* Wenig kann zu *viel* sein, wenn es *ohne Sinn* ist. Wir bemühen uns, daß das meiste hier *Sinn macht.* Auch die Anerkennung der Eltern, die selbst bei strittigen Fragen nie in Zweifel gezogen wird, entlastet. Und die *Kooperation im Kollegium* ist sicher entscheidend. Wir helfen uns gegenseitig, wo wir können. Mir fällt der Schrank mit den Hängeheftern ein, in denen jede Art von Unterrichtsmaterial gesammelt wird – im Zugang frei für alle.

Und auch dies gehört hierher:

- Der Donnerstagnachmittag ist als Arbeitszeit für die Kleinteams freigehalten;
- Eltern helfen mit, wo sie können; hier spielt die bewußt gewählte Angebotsschule sicher ebenso eine Rolle wie das: wo die Schule die Eltern entlastet (über 50 % der Eltern sind alleinerziehende), da entlasten die Eltern auch mit ihrer Akzeptanz und mit ihrem Einsatz die Schule;
- zweimal im Jahr zieht sich das Kollegium für eineinhalb Tage für die «Vergewisserungsarbeit» zurück;
- alle 4–6 Wochen gibt es Pädagogische Konferenzen, in denen es um die gemeinsame Lösung gemeinsamer Herausforderungen geht;
- der Lehrerrat, in dem jedes der 8 Kleinteams mit einer Person vertreten ist, steuert mit der Schulleitung die Geschicke der Schule;
- überforderte Ansprüche werden abgewehrt; so sind nur die Besucher willkommen, die die Schule so ernst nehmen, daß sie mehrere Tage bleiben;
- ausführliche schriftliche Beurteilungen an Kinder und Eltern, die dazu führen würden, daß die LehrerInnen krank sein müssen, wenn sie in der Schule sein sollten, müssen nicht sein;
- auf Notenzeugnisse wird aber verzichtet; sie sind zu schematisch.

Daß die kaum ausgesprochene, moralische Pflicht, daß die Schule der Arbeitsplatz für die LehrerInnen ist, daß sie daher mehr hier sind als «nur» in ihren Unterrichtsstunden, daß dieses Selbstverständnis wirklich zählt, zeigt sich darin, daß dann, wenn jemand ernsthaft diese Schule gewählt hat und für diese Schule gewählt wurde, daß dann *sie* und *er* sie von sich aus kaum wechselt.

Das erleichtert die Zusammenarbeit mit den anderen pädagogischen Fachkräften, die das gesamte Schul- und Lernleben mit gestalten. Dazu zählt auch der Schülerladen, der, von einem Verein getragen, ein weiteres Angebot im Ganztagsbereich darstellt.

Frage I: «Seid Ihr eine 'echte' Peter-Petersen-Schule?» – Die Antwort: «Ja. Eine originäre. Wir kopieren nicht die Originale, sondern schaffen selbst welche.»

Frage II: «Habe ich genügend über Euren Unterricht erfahren?» Erwin schmunzelt und tröstet mich: «Weißt du», sagt er, «wir hatten einmal einen Hospitanten; der fragte uns auch: 'Wann macht Ihr eigentlich richtigen Unterricht?' – Unsere Antwort war: 'Wir machen nie Unterricht. Die Kinder sollen ja schließlich etwas lernen!' – Wir achten sehr genau darauf, daß jedes Kind ein Höchstmaß an seiner Leistung vollbringt. Nachlässig im Blick auf Leistung sind wir nicht!»

Frage III: «Was machen die Kinder, wenn sie Euch verlassen? Bewähren sie sich?» – «Ich verstehe unsere Pädagogik als Bewährungspädagogik. Wir haben uns vor der Unterschiedlichkeit der Kinder zu bewähren. Die Kinder haben sich vor den vielen schwierigen Lebenslagen zu bewähren, in die sie immerzu gestellt sind. Wir helfen ihnen dabei, so gut wir können.

80 % 'unserer' Kinder gehen von uns aus auf die Gesamtschule; 20 % auf Realschulen oder Gymnasien; während der Grundschulzeit verläßt uns fast nie ein Kind; dankbar sind wir – und vor allem die Eltern – daß die Gesamtschule Köln-Holweide den Weg in der Sekundarstufe I fortsetzt, den wir hier begonnen haben: den Weg einer umfassenden Integration …»

Rolf Struckmeyer

Altersgemischte Anfangsklassen

Neugestaltung des Schulanfangs

12. September 1994. 82 Schulanfänger werden gemeinsam mit ihren Eltern, Großeltern und kleineren Geschwistern in der Aula der Grundschule am Pfälzer Weg mit Liedern, Singspielen und Tänzen begrüßt. So, wie in den 70 anderen Grundschulen der Stadt Bremen auch.

Zum Schluß der Willkommensfeier jedoch werden die Neuankömmlinge nicht wie sonst in drei erste Klassen verteilt, sondern jeweils 10 Schulanfänger werden von 10 Kindern einer Lerngruppe abgeholt, die bereits ein Schulbesuchsjahr hinter sich haben, und in den Klassenraum der Lerngruppe geführt.

Jede(r) Schulanfänger(in) hat einen Partner bzw. eine Partnerin, der oder die sich schon mit dem Gebäude, den Regeln und den Bezugspersonen der Lerngruppe auskennt. Der alljährlich wiederkehrende Dressurakt einer Lehrerin mit 25-30 Schulanfängern fällt aus.

Kerem zeigt Mustafa, wo sich die Toiletten befinden. Viktoria spielt mit Olga in der großen Pause und zeigt ihr den Pausenhof. Thomas nimmt Viktor an die Hand und holt mit ihm Milch und Kakao. Derya spielt mit Anna in der Puppenecke und bringt sie mit, als der Morgenkreis beginnt.

Zum Konzept

Die Grundschule am Pfälzer Weg in Bremen Osterholz-Tenever wurde im Jahre 1993 in enger baulicher Verbindung mit einem Kindertagesheim (KTH = Bremer Kindergarten für Drei- bis Sechsjährige in Halb- und Ganztagsbetrieb) fertiggestellt.

Der Schuleinzugsbereich in Bremen Osterholz-Tenever ist nach sozialstatistischen Erhebungen der Stadtteil mit den höchsten sozialen Belastungen in der Stadt Bremen. Mit erheblichen Anstrengungen wird seitens der Landesregierung und des Ortsteilbeirats versucht, das Demonstrativbauvorhaben aus den 70er Jahren sozial und infrastrukturell aufzuwerten. Die dringend notwendigen Neubauten der Grundschule, des Kindertagesheims und eines Horthauses waren Bestandteile dieser Nachbesserung. Ziel ist, die soziale Entmischung zu stoppen und den Stadtteil auch wieder für «Normalverdiener» und junge deutsche Familien attraktiv zu gestalten. Zur Zeit gibt es an unserer Schule einen Anteil von über 60 % Kinder anderer Muttersprache. Das Konzept der Schule sieht vor, alters- und lernniveaugemäß differenzierte und zu Selbsttätigkeit sowie sozialer und multikultureller Integration befähigte Unterrichtsformen und Inhalte zu entwickeln und anzubieten.

In der Grundschule sollen den Kindern individuelle Lernwege ohne Aussonderungsdruck ermöglicht werden. Aus den Erfahrungen herkömmlicher schulischer Sozialisation, die von erheblichen Brüchen zwischen Vorschul- und Schulbereich gekennzeichnet ist, wollen wir versuchen, den Übergang vom KTH zur Schule sanfter und kindgerechter zu gestalten und zugleich auf die extreme Heterogenität der einzuschulenden Kinder einzugehen. Aus dem KTH sind die Kinder gewohnt, in jahrgangsübergreifenden Gruppen mit Drei- bis Sechsjährigen zu spielen, zu lernen, soziale Erfahrungen zu machen und familienähnliche Strukturen zu erleben. In der Schule werden die Kinder traditionell in Jahrgangsklassen zusammengefaßt, ausgehend von der Vorstellung, daß eine große Zahl von Kindern zur gleichen Zeit, mit gleichen Methoden und im gleichen Tempo die gleichen Inhalte erlernen kann.

Jedes Kind jedoch hat seine eigene Lebensgeschichte, seine besonderen Interessen, Eigenarten, Begabungen, Wünsche und Lernvoraussetzungen in unterschiedlichster Form und Ausprägung. Außerdem werden unsere Klassen zunehmend durch Kinder verschiedenster ethnischer Herkunft geprägt, welche die Fiktion der Homogenität ohnehin ad absurdum führen.

Aus diesem Grund sind die Abkehr von jahrgangsbezogenen Klassenverbänden und die Öffnung und Individualisierung des Unterrichts unser Versuch einer angemessenen Einschulung der Kinder aus Tenever.

Organisatorische Umsetzung

Das Modell wurde in dem Schuljahr 93/94 begonnen und zum Schuljahr 94/95 organisatorisch vollendet. Die Schule am Pfälzer Weg war von der Größe und Raumausstattung her als dreizügige Grundschule mit einer Vorklasse geplant. Für den Anfangsunterricht waren also 4 Lernverbände vorgesehen, die wir Lerngruppen nennen.

Schon im ersten Jahr des Modells haben wir die Zusammenstellung der Lerngruppen in enger Absprache mit den Kindertagesheimen vorgenommen, in denen sich die Schulanfänger vorher befanden. Informationen der Schulärztin und die Informationen aus der Schulanmeldung ermöglichten, die Lerngruppen recht ausgewogen zusammenzustellen. Die Schulanfangsphase hatte nicht wie früher zum Ziel, zu ermitteln, welches der Kinder nach Abschluß der Schulanfangsphase in die Vorklasse empfohlen bzw. zurückgegliedert werden sollte. Fast alle eingeschulten Kinder und deren Eltern konnten sicher sein, daß sie das ganze Schuljahr mit den Kindern ihrer Lerngruppe und den Bezugspersonen zusammenbleiben würden. Der übliche Auslesedruck und die unter den Auslesenotwendigkeiten stehenden Elterngespräche am Ende der Schulanfangsphase entfielen.

Wir hatten also am Ende wie am Anfang der Schulanfangsphase vier Lerngruppen mit je 20-22 Kindern, in denen sich von den Lernvoraussetzungen und Fähigkeiten her sowohl «Vorkläßler» als auch «Erstkläßler» befanden, ohne daß wir diese Eingruppierung schon nach vier Wochen auf das einzelne Kind bezogen feststellen und Konsequenzen ziehen mußten.

Um auch den zweiten Schritt zu dem Modell vollziehen zu können, mußten am Ende des Schuljahres 93/94 einmalig die vorhandenen 4 Lerngruppen so aufgeteilt werden, daß Platz für die neu einzuschulenden Schulanfänger in allen Lerngruppen vorhanden war. Wir lösten dies heikle Problem dadurch, daß wir bereits zu Beginn des Schuljahres 93/94 den 4 Lerngruppen je zwei Bezugspersonen zuordneten und bei der Aufteilung der Lerngruppen auf Freundschaften, soziale Bezüge, Anteile von Jungen und Mädchen und Anteile von Ausländern/Aussiedlern und Deutschen achteten. Durch die Beachtung dieser Kriterien und die Kontinuität bei den Bezugspersonen (Lehrerinnen) gab es keinerlei Probleme bei der Aufteilung der Lerngruppen.

Seit Beginn des Schuljahres 94/95 gibt es nun 8 Lerngruppen mit 20-21 Kindern, die sich aus «Vorkläßlern», sowie «Erst- und Zweitkläßlern» zusammensetzen. Die Entscheidung, ob ein Kind zwei oder drei Jahre in diesem Lernverband bleibt, muß erst am Ende des zweiten Schulbesuchsjahres für das einzelne Kind getroffen werden.

Erste Erfahrungen der Schulanfangsphase zeigen, daß die erhofften Wirkungen einer altersgemischten Zusammensetzung insbesondere bei der Eingliederung von Schulanfängern in bestehende Lerngruppen ganz den Erwartungen entsprachen. Das Lernen der Kinder voneinander, insbesondere im sozialen Bereich, bei der Orientierung in der Schule und bei den schon eingeübten Ritualen eines Schulvormittags war beeindruckend.

Die organisatorische Umsetzung des Modells ist damit nach einem Schuljahr ohne nennenswerte Schwierigkeiten gelungen.

Umgestaltung der Unterrichtsorganisation und -inhalte

Die bewußt akzeptierte Heterogenität der Lerngruppen, die Altersmischung und die unterschiedlichen Lernvoraussetzungen von Kindern aus den verschiedensten Kulturkreisen, mit den verschiedensten ethnischen und sprachlichen Erfahrungen setzten neben einer Veränderung der Unterrichtsorganisation auch eine angemessene Lernorganisation und entsprechende Lerninhalte voraus.

Wichtige Schritte zur Lösung dieser Herausforderung liegen in einer konsequenten Anwendung offener Unterrichtsformen und in einer Rhythmisierung und Ritualisierung des Schultages.

Mathe-, Lese- und Schreiblehrgänge, die von den Kindern im Gleichschritt erlernt werden sollen, wurden ersetzt durch individualisierte «Lehrgänge» für das einzelne Kind, welches dann Tempo, Intensität und Gestaltung des Lernvorgangs durch seine Möglichkeiten mitbestimmt. Für die Erstellung dieses Materials haben unsere Kolleginnen und Kollegen mit Anlehnung an die Prinzipien des Pädagogen J. Reichen («Lesen durch Schreiben») sehr viel Unterrichtsmaterial gemeinsam erarbeitet und selbst erstellt. Da auch im pädagogischen Fachhandel inzwischen für alle Fächer und Stufen bzw. Jahrgänge Lernkarten und Materialien für den individualisierten Unterricht zur Verfügung stehen, konnte eine Vielfalt an Unterrichtsangeboten bereit gestellt werden.

Die veränderte Unterrichtsorganisation zeigt sich auch in der Rhythmisierung des Schulvormittags mit dem gleichmäßig gleitenden Tagesanfang, der freien Phase, dem Morgenkreis, den Arbeitsphasen und dem Projektunterricht.

Die in Bremen übliche Differenzierung in den Fächern Deutsch und Mathematik erfolgt in Halbgruppen, die nach Jahrgängen zusammengestellt sind. Dadurch ergibt sich für vier Stunden in der Woche die Möglichkeit, mit den Kindern jahrgangsbezogene Lerninhalte zu erarbeiten.

Lernzielkontrollen

Die Lernzielkontrolle erfolgt nicht durch Leistungstests, die zur gleichen Zeit mit der gleichen Aufgabenstellung und im gleichen Tempo abverlangt werden, sondern durch die individuelle Begleitung des Schülers in dreifacher Hinsicht:

1. Lernzielkontrolle durch das Material selbst (integrierte und selbsttätige Lernkontrolle)
2. Lernzielkontrolle durch die Lehrkraft (Führung von Fortschrittslisten, Einblick in die Karteien, Lehrgänge und Hefte des Schülers)
3. Gezielte Beobachtungen in regelmäßigem Abstand mit Hilfe eines selbst entwickelten Beobachtungsbogens für jeden Schüler und jede Schülerin, der mit dem für unsere Schule entwickelten Lernentwicklungsbericht (in Bremen zulässige Form der Zeugniserteilung in der Grundschule) abgestimmt ist und auch der langfristigen Evaluation des Modells dienen soll.

Kooperation/Lehrerfortbildung

Eine zentrale Rolle bei der Entwicklung des jahrgangsübergreifenden Modells und der Unterrichtsmaterialien hatte die Kooperation aller beteiligten Kolleginnen. Die Lerngruppenkonferenz war das zentrale Gremium, welches u. a. die praktische Arbeit koordinierte, für Erfahrungsaustausch sorgte, die Herstellung von Unterrichtsmaterialien regelte und damit Lehrerfortbildung im besten Sinn war. Zusätzlich nahmen die Kolleginnen an außerschulischer Fortbildung teil und hospitierten in anderen bremischen Schulen. Weiterhin wurden schulinterne Fortbildungsveranstaltungen organisiert, um die Rückkopplung zum Gesamtkollegium sicherzustellen.

Stimmen von Kindern

Jenny	*Ich finde gut, wenn die Kinder der 2. Klasse dabei sind. Die helfen uns, wenn wir nicht weiter wissen.*
Göghan	*Ich finde das gut, daß auch die großen Jungen jetzt meine Freunde sind.*
Stefan	*Ich finde gut, daß wir auch das Spielzeug von den Kleinen benützen dürfen, wir haben Lego, Bauklötze, Autos und Puppen, Kasperfiguren.*
Danius	*Wenn die Kleinen spielen und die Großen arbeiten, das finde ich nicht schlimm.*
Anna	*Ich finde in der Schule das Arbeiten am besten.*
Darius	*Ich finde das Lesen und Schreiben am besten.*
Gökhan	*Ich bin in der ersten Klasse, aber ich kann jetzt schon lesen.*

Integration als Sparkonzept?

Vor dem Hintergrund immer knapper werdender Ressourcen im Bildungsbereich wurde von einigen Kolleginnen und Kollegen in Bremen die Befürchtung geäußert, daß unser Modell für einen integrierten Schulanfang zur Legitimation für eine mögliche Abschaffung der Vorklassen in Bremen beitragen könnte.

Wenn man bedenkt, daß in Bremen zur Zeit die flächendeckende Integration von lern-, sprach- und entwicklungsgestörten Kindern in die Grundschulen geplant wird, weil das bisherige System der Beschulung in Sonderschulen durch jahrelangen Einstellungsstopp personell so ausgedünnt ist, daß es zusammenzubrechen droht, dann sind diese Befürchtungen sicherlich nicht unbegründet.

Nach unseren bisherigen Erfahrungen kann der integrative Schulanfang jedoch keinesfalls ein Sparkonzept sein.

Die Vorteile der Integration für Eltern, Schüler und auch Lehrkräfte liegen auf der Hand. Voraussetzungen sind nach unserer derzeitigen Einschätzung:

- Für die Integration sonst zurückgestellter oder «Vorklassenkinder» gehört in jede Klasse eine Person mit sozialpädagogischer Kompetenz.
- Die Lerngruppengröße darf 18-20 Kinder nicht übersteigen.
- Die räumlichen Voraussetzungen müssen ausreichend Differenzierungsmöglichkeiten bieten.
- Die materielle Ausstattung (Lernmaterialien, Lernmittel, Lernspiele) muß vielfältig, anregend und umfangreich sein.
- Die Qualifizierung der Lehrkräfte zu sozialpädagogischer Kompetenz, zum differenzierenden und offenen Unterricht und einer mehr selbstgesteuerten Lernorganisation muß mit der veränderten Arbeit einhergehen.

All dies erfordert mehr Lehrerstunden und mehr Geld für Lehr- und Lernmittel, als wenn alles beim System der Aussonderung in Vorklassen bliebe.

Auch wenn wir für unser Modell der jahrgangsübergreifenden Lerngruppen letztlich nur 12 Lehrerstunden pro Woche mehr bekommen als eine vergleichbare Grundschule mit Vorklasse, hatten wir sehr gute Voraussetzungen durch den Neuanfang einer soeben gegründeten Schule mit neuem Gebäude und neu zu beschaffender Ausstattung sowie eine Sonderbedarfsausstattung für Schulen im sozialen Brennpunkt mit vielen ausländischen Schülern.

Zur Übertragbarkeit unseres Lerngruppenmodells auf andere Regelschulen wollen und können wir deshalb vorerst nicht Stellung nehmen.

Wir wünschen uns noch einen mindestens vierjährigen Erprobungszeitraum mit Rückkopplung und kritischer Begleitung anderer Schulen, der interessierten Fachöffentlichkeit, der Eltern, der Schüler und Schülerinnen der weiterführenden Schule und unserer wissenschaftlichen Begleitung durch die Universität Bremen.

JOSEF AENGENVOORT, GGS Mühlheimer Freiheit 99, 51063 Köln

DR. KARLHEINZ BURK, Altvaterstr. 3, 60437 Frankfurt/Main

JÜRGEN EILERS, Sonnenblumenschule, Zinkeysenstraße 2, 63225 Langen

JUTTA FREMEREY, Quirinstraße 16, 53518 Bonn

UTA GEHRMANN, Am Schloßgarten 6, 38518 Gifhorn

HORST-DIETER GEROLD, Schinkelstraße 1, 72768 Reutlingen

ANGELIKA GOTTSCHALK, GS Horsum, 25980 Sylt-Ost

ERICH HAMMER, Grundschule, 74417 Frickenhofen

OTTO HERZ, Jahnstr. 17, 60318 Frankfurt/Main

ELISE KENTNER, Hauptstr. 18, 51069 Köln

ERWIN KLINKE, Rosenmaarschule, Am Rosenmaar 3, 51061 Köln

Dr. THOMAS LEEB, Brüder-Grimm-Grundschule, Tegeler Str. 18/19, 13353 Berlin

HEIDRUN MAASSEN, Klörenstraße 54, 46049 Oberhausen

Dr. ALBERT NOLL, Schulamt, 47049 Duisburg

ERNST PURMANN, Schule Vollmarshausen, Kaufunger Str. 18, 34253 Lohfelden

SIGRID RAKOW, GS Altenoytherstr. 152, 26169 Friesoythe

KARIN RÖSGEN, GGS Bensberg, Karl Philipp-Str. 16, 51429 Berg. Gladbach

Prof. Dr. HANS-GÜNTHER ROSSBACH, Institut für Pädagogik, Universität Lüneburg, Scharnhorststr. 1, 21332 Lüneburg

ROLF STRUKMEYER, Schule am Pfälzer Weg, Bremen

INGRID SCHWEITZER, St. Jürgen Ring 11, 23560 Lübeck

THILO TRAUB, Institut für Pädagogik des Primar- und Sekundarbereichs, Justus-Liebig-Universität, Karl-Glöckner-Str. 21b, 35394 Gießen

An den Arbeitskreis Grundschule
– Der Grundschulverband – e. V.
Postfach 90 01 48
60441 Frankfurt (Main)

Beitrittserklärung

Bd. S 57

Hiermit trete ich dem Arbeitskreis Grundschule – Der Grundschulverband – e. V. bei als:

☐ Einzelmitglied, (Jahreslieferung: 3–4 Mitgliederbände)	Jahresbeitrag: 66,– DM
☐ Lehramtsanwärter/in, Teilzeitbeschäftigte/r	Jahresbeitrag: 50,– DM
☐ Studierende/r, Arbeitslose/r	Jahresbeitrag: 33,– DM
☐ Korporatives Mitglied (Schulen, Institutionen, Einzelpersonen) (Jahreslieferung: Mitgliederbände und 1–2 Sonderbände über die eine Bücherrechnung ausgestellt wird)	Jahresbeitrag: 80,– DM

____________________ (Name) ____________________ (PLZ u. Ort)

____________________ (Straße u. Hausnr.) ____________________ (Datum u. Unterschrift)

Sie erhalten nach Zahlung Ihres Beitrags

- die Mitglieder-Zeitschrift „Arbeitskreis aktuell“ (4 mal im Jahr)
- die Jahres-Mitgliederbände
- die Satzung des AKG
- Informationen und Veröffentlichungsverzeichnis

Aus buchungstechnischen Gründen bitten wir Sie, die Rechnung abzuwarten, auf der wir Ihnen die Mitgliedsnummer und die Bankverbindung mitteilen.

Einzelmitglieder aus den neuen Bundesländern zahlen bis einschließlich 1997 einen ermäßigten Jahresbeitrag: Statt DM 66,– nur DM 50,–.

Für Ihren Beitritt zum Arbeitskreis Grundschule e. V. halten wir folgendes Werbeangebot für Sie bereit: (bitte **nur eine** der beiden Möglichkeiten ankreuzen!)

☐ Als neues Mitglied im Arbeitskreis Grundschule wünsche ich mir den Band .... als Aufnahmegeschenk.

☐ Oben genanntes Mitglied habe ich für den Arbeitskreis Grundschule geworben. Als Werbeprämie senden Sie bitte den Band .... an folgende Anschrift:

____________________ (Name) ____________________ (PLZ und Ort)

____________________ (Straße und Hausnummer) ____________________ (Datum und Unterschrift)

Beiträge zur Reform der Grundschule

Schriftenreihe des Arbeitskreises Grundschule – Der Grundschulverband – e.V.
Begründet von Erwin Schwartz, fortgeführt von Dieter Haarmann
Herausgeber: Rudolf Schmitt, Renate Valtin, im Auftrage des Vorstandes des Arbeitskreises Grundschule – Der Grundschulverband – e.V.

Lieferbare Bände

Mitgliederbände:

40/41 Wieviel Ecken hat unsere Schule – Teil I Klassenzimmer als Lernort und Erfahrungsraum
42 Wieviel Ecken hat unsere Schule – Teil II Schulhaus – Schulhof – Schulanlage
43/44 Die Grundschule der 80er Jahre (Bilanz/Perspektiven)
45 Lernorte außerhalb des Klassenzimmers Teil I
49 Lernorte außerhalb des Klassenzimmers Teil II
54 Auf dem Weg zum differenzierten Schulalltag
55 Wandertag – Klassenfahrt – Schullandheim
56/57 Rechtschreiben in den Klassen 1–6
58/59 Gemeinsam leben – gemeinsam lernen Behinderte Kinder in der Grundschule
60 Kinder finden zu sich selbst Disziplin, Stille und Erfahrung im Unterricht
61/62 Frauen machen Schule
64 Fibeln und Erstlesewerke '85
66 Schulbücher im Sachunterricht
67/68 Schreiben ist wichtig
69 Ästhetische Erziehung in der Grundschule
70 Sexualerziehung in der Grundschule
71 Umwelterziehung
72 Gestalten mit Schrift
73 Kinder kommen zur Schule
74 Interkulturelles Lernen
75 Veränderte Kindheit – veränderte Grundschule
76 Lyrik für Kinder – gestalten und aneignen
77 Übergänge nach der Grundschule
78 Alltag im offenen Unterricht
79/80 Kinder heute – Herausforderung für die Schule
81 Theater macht Schule – Schule macht Theater
82 6jährige Grundschule
83/84 Grundschule in Europa – Europa in der Grundschule
85 Bewegung, Spiel und Sport in der Grundschule
86 Die ersten Wochen in der Schule
87 Leistung der Schule – Leistung der Kinder
88/89 Wohnortnahe Integration
90 MädchenStärken
91 Lernwerkstätten
92/93 Religion in der Grundschule
94 Lehrerbildung
95 Gewalt und Aggression
96 Mit Kindern rechnen
97 Sexualerziehung von Anfang an
98 Zukunft beginnt in der Grundschule
99 Kunst in der Grundschule

Sonderbände

S 36 Schrift und Schreiben (Bibliographie)
S 41 Rolle des Schulleiters – Kooperation*
S 43 Schulleben u. Schulgemeinde*
S 45 Entlastungsstrategien f. Schulleiter*
S 47 Gesundheitserziehung
S 49 Einführung in die Vereinfachte Ausgangsschrift*
S 50 Auf dem Weg zu einem schuleigenen pädagogischen Konzept*
S 51 Die kleine Grundschule*
S 52 Die Ganze Halbtagsschule*
S 53 Fremde Sprachen i. d. Grundschule*
S 54 Grundschule u. Bibliothek
S 55 Fördern und Förderunterricht
S 56 Teamarbeit in der Grundschule
S 57 Jahrgangsübergreifendes Lernen in der Grundschule

* Schulleiter-Reihe „Mehr gestalten als verwalten"

Außerhalb der Reihen

Sammelband: Dritte Welt in der Grundschule
Aminatas Entdeckung (Kinderbuch)
Materialband zu Aminatas Entdeckung
Bundesgrundschulkonferenz 1995

Arbeitskreis Grundschule – Der Grundschulverband – e.V.
Postfach 900148 60441 Frankfurt/M.